Dietrich Grönemeyer

LEBE
mit Herz und Seele

HERDER spektrum

Band 6065

Das Buch

Sinnvoll und erfüllt leben – Dietrich Grönemeyer, „Deutschlands populärster Mediziner" (DLF), zeigt in seinem leidenschaftlichen Buch, worauf es ankommt und wie es gelingt: Das faszinierende Zusammenspiel von Körper, Geist und Seele neu sehen und danach handeln. Das Kunstwerk Leben tiefer begreifen. Ernstmachen mit einer ganzheitlichen Sicht des Lebens und einer menschlichen Kultur der Zuwendung. Es geht darum, das Leben zu lieben, es zu genießen, aber auch Verantwortung dafür zu übernehmen. Leben ist kostbar. Wir kommen alle für eine begrenzte Lebenszeit auf die Erde. Dieses Wunder neu zu begreifen, ist der Kern jeder Lebenskunst. Dietrich Grönemeyer zeigt sieben Haltungen, die uns zur eigenen Mitte führen, die Kraft und Energie geben. Lebe dein Leben intensiv und gemeinschaftlich – voller Lebenslust. Wann, wenn nicht jetzt!

Der Autor

Dietrich Grönemeyer, geb. 1952, ist der wohl bekannteste Arzt Deutschlands. Sein wissenschaftliches Renommee als „Vater der Mikrotherapie" machte ihn ebenso bekannt wie sein gesundheitspolitisches Engagement. Er ist Inhaber des Lehrstuhls für Radiologie und Mikrotherapie der Universität Witten/Herdecke und Inhaber einer Reihe von ihm gegründeter Lehrstuhlabteilungen wie des Grönemeyer Instituts für Mikrotherapie Bochum oder der Grönemeyer Clinic in Essen.

Dietrich Grönemeyer

LEBE
mit Herz und Seele

Sieben Haltungen zur Lebenskunst

HERDER

FREIBURG · BASEL · WIEN

Neuausgabe 2009

© Verlag Herder GmbH, Freiburg im Breisgau 2006
Alle Rechte vorbehalten
www.herder.de

Umschlagkonzeption und -gestaltung:
R·M·E Eschlbeck / Botzenhardt / Kreuzer
Umschlagmotiv: © Dieter Menne
Foto des Autors: © privat

Satz: Dtp-Satzservice Peter Huber, Freiburg
Herstellung: fgb · freiburger graphische betriebe
www.fgb.de

Gedruckt auf umweltfreundlichem, chlorfrei gebleichtem Papier
Printed in Germany

ISBN 978-3-451-06065-6

Inhalt

„Genieße das Leben,
es ist später, als du denkst."

(CHINESISCHE WEISHEIT)

„Wir müssen die Veränderung sein,
die wir in der Welt sehen wollen."

(MAHATMA GANDHI)

Wie ein Traum, der in Erfüllung geht

Prolog

Es war unfassbar – und wie ein uralter Traum, der in Erfüllung geht: Die Olympiade 2000 in Sydney gehört zu den beeindruckendsten Erfahrungen meines Lebens. Auf den Straßen und Plätzen dieser Millionenstadt Menschen aus 198 Nationen. Ein universales Freudenfest, auf allen Straßen, in allen Stadien, Cafés, Kneipen, Autobussen oder Zügen, draußen am Hafen, wo Teilwettkämpfe für die Triathleten oder einzelne Wassersportarten stattfanden genauso wie im Leichtathletikstadion oder beim Tischtennis.

Mit allen Sinnen war es an diesem einen Ort der Welt zu spüren: Wir Menschen, alle Menschen, sind gleich. Wir sind zugleich einzigartig und miteinander verbunden in einer großen Gemeinschaft. Wir bewegten uns mitten unter wildfremden Menschen unterschiedlicher Hautfarben. Wir haben auf den Straßen zusammen gefeiert, vor Großleinwänden mitgefiebert – auch für die Sportler anderer Nationen –, haben getanzt und uns gefreut, in den Armen gelegen. Und haben miteinander Bekanntschaft geschlossen, geredet oder gewitzelt – zum Teil radebrechend oder mit den Händen gestikulierend –, als wir geduldig wartend mit allen anderen gemeinsam in der Schlange standen –, vor den Stadien genauso wie an den Zügen. Ohne Hektik, ohne Nervosität oder Ärger gingen alle sehr gelöst miteinander um, alle waren offen für die anderen. Alles war perfekt organisiert, aber doch locker und fröhlich, noch im gigantischen Menschenstau empfanden wir es als ein tolles Erlebnis, dabei zu sein: den Klang so vieler Sprachen zu hören, so viele unterschiedliche Menschen, so viele unterschiedliche Arten zu lachen oder zu lächeln zu genießen, diese Sinfonie von Farben, Kleidung und Klängen aufzunehmen. Es war eine überwältigend positive Erfahrung, eine unbändige Kraft war zu spüren, die wahr gewordene Utopie der globalen Geschwisterlichkeit.

Im Sommer 2006 war es die Fußballweltmeisterschaft in Deutschland, die uns alle von den Stühlen gerissen, die uns gefesselt hat, die uns mitleiden und mitfreuen ließ. Auch hier Partystimmung überall, in den Stadien, zu Hause, in Kneipen, vor Großleinwänden und auf den Straßen, in Deutschland und anderswo. Bunte Völkervermischung überall. Unglaubliche Kreativität und begeisternde Vielfalt von Kleidungen, Bemalungen und Verzierungen. Menschen vieler Nationalitäten fielen sich in die Arme, küssten sich, sangen und feierten, waren einen Moment lang selig. Ein Freudenfest. Sicher, es gab auch einige sehr unschöne Szenen im Sport, und selten hat ein Sportereignis so unter Reglementierungswut und „Geldgeilheit" seiner Veranstaltungsorgansation gelitten. Es drängte sich einem der Eindruck auf, als hätten Politiker den Freudentaumel der Massen ausgenutzt, um in hektischer Eile Beschlusslagen herbeizuführen sowie Gesetzesänderungen und Steuererlässe von erheblichem Ausmaß vorzubereiten.

Trotzdem hat diese Weltmeisterschaft auch den Nichtfußballbesessenen gezeigt: Sport bringt Menschen zusammen. Er lässt die Herzen zusammen schlagen. Er ist das Element, das aus Einzelnen Freunde machen kann und das – so meine Hoffnung und mein Traum – die gesamte Menschheit zu Freunden machen könnte: One world NOW – es gibt nur diese eine Welt.

Diese Erfahrung globaler Freude sollte präsent bleiben. Angst vor der Zukunft ist weit verbreitet. Angst, selbst zu handeln, ebenfalls. Sie bringt aber nicht weiter. In der Tradition der Aufklärer möchte ich eine Lanze brechen für den selbstbestimmten und mündigen Einzelnen. Mensch bleiben und die Zukunft gemeinsam gestalten in dieser einen Welt, diese Aufgabe könnten wir mit Begeisterung annehmen. Dazu mein Appell: Lebe mit Herz und Seele.

One world – now!

„Nur tote Fische schwimmen mit dem Strom"

Eine Entdeckung

Es gibt nur diese eine Welt. Schlagartig ist mir das klar geworden im Frühjahr 1986. Am 26. April 1986 passierte der unfassbare, bis heute todbringende Reaktorunfall in Tschernobyl, eine Menschheitskatastrophe, die jahrtausendelange Verseuchungen zur Folge hat. Eineinhalb Wochen nach dem Unfall wurde unsere jüngste Tochter geboren. Ich war damals fast jeden Tag unterwegs, habe die Radioaktivität in der Region gemessen und auch Lebensmittel auf Gammastrahlung untersucht, ohne einen offiziellen Auftrag. Unsere Angst um die Gesundheit von uns allen und die Zukunft unserer Kinder war enorm. Mit anderen Wissenschaftlern gründeten wir spontan eine alternative Strahlenschutzkommission im BUND, dem Bund für Umwelt- und Naturschutz Deutschland. Wir erarbeiteten Einschätzungen zur Strahlengefährdung und zu Verhaltensmaßnahmen der Bevölkerung. Mit anderen Eltern rief ich eine deutschlandweite Initiative zur kontinuierlichen Lebensmittelüberwachung ins Leben, in enger Zusammenarbeit mit Professor Wassermann, dem damaligen Lehrstuhlinhaber für Toxikologie an der Universität Kiel. Hierzu hatte ich ein Lebensmittel-Strahlenmessgerät angeschafft und selber finanziert: Dreißigtausend DM kostete das, eine unglaubliche Summe für die damaligen Verhältnisse. Die Angst ließ Geldsorgen zweitrangig werden. Wir gaben wöchentliche Bulletins mit Lebensmittelmesswerten und Ernährungsempfehlungen heraus. Besonders Pilze waren so stark verseucht, dass sie komplett vom Speiseplan gestrichen werden mussten. Pilze aus Osteuropa sind sicherlich bis heute eine Gefahrenquelle, die man nicht unterschätzen sollte. Täglich wurden Lebensmittelmessungen für die Bevölkerung angefertigt. Bodenproben wurden analysiert, auch direkt vom benachbarten Atomkraftwerk Hamm-Uentropp. Drei Störfälle, fast zeitgleich mit Tschernobyl, konnten wir in unseren Analysen und kontinuierlichen Bodenmessungen nachweisen. Das erhöhte die Angst und Nervosität, auch die der Bürgerinitiative vor Ort in Hamm. Über ein Jahr lang war ich damals, nahezu täglich, zu Messungen und zu Vorträgen unterwegs. Der Reaktor wurde schließlich vollständig abgeschaltet.

In dieser aufregenden Zeit wurde mir besonders klar: Es geht nicht mehr nur um etwas, was weit hinten in der Ukraine passiert. Die Eine Welt ist bereits der Ernstfall – jetzt und hier!

Heute ist Tschernobyl nicht viel mehr als eine Zeitungsmeldung, wenn sich das Ereignis wieder einmal jährt, gerade war das 20-jährige Vergessensjubiläum. Das darf nicht sein.

In der Hymne „Freude schöner Götterfunken", einem wunderschönen Musikstück, hat Beethoven die von Schiller formulierte universale Idee der Brüderlichkeit zum Ausdruck gebracht, eine Vision, dass die Welt uns als gleichwertigen Brüdern und Schwestern gemeinsam geschenkt – und als Aufgabe gegeben ist. Der „Götterfunke" ist in Tschernobyl zu einem gefährlichen Feuer mutiert, zu einer glühenden Gefahr, die sich in unsere Erde frisst. Schon die Bombenabwürfe auf Hiroshima und Nagasaki, die hunderttausend Menschen grausam in den Tod führten, hätten die Menschheit mehr aufrütteln müssen. Seit meiner Jugend stimmen mich diese Taten menschlicher Zerstörung traurig und erzürnen mich. Ob Traum oder Albtraum – die Zukunft unserer einen und einzigen Welt liegt in unserer Hand. Es kommt auf den Einzelnen an, es kommt auf unser Wissen, auf unsere ethisch-moralische Haltung, aber auch auf unsere spirituelle Haltung an und darauf, dass wir praktische Konsequenzen ziehen und handeln: alleine und – in demokratischen Entscheidungsprozessen – auch gemeinsam.

Globalisierung – Herausforderung

Das globale Zusammenwachsen ist ein politisches, wirtschaftliches, ökologisches und kulturelles Faktum. Kulturen, die früher voneinander abgeschottet waren, berühren und mischen sich. Die Menschen reisen heute in die entlegendsten Gegenden der Erde und sind sich in einem früher nicht vorstellbaren Ausmaß nähergekommen. Geld und Warenströme gehen um den Globus. One world – das ist nicht nur der geborstene Reaktor in der Ukraine, das sind auch die Rauchwolken aus den silbernen Twin Towers des World Trade Centers in New York, die Verwüstungen an den asiatischen Traumstränden, der Untergang von New Orleans, die Hurrikans, die Erdbeben in Indonesien, Kaschmir und anderswo, gefolterte Menschenleiber – Bilder, die sich über die Medien weltweit ins kollektive Bewusstsein eingegraben haben. Hinter dem Schock und dem Gefühl einer möglicherweise allgegenwärtigen Nähe des Unheils steht die Einsicht: Wir alle können betroffen sein. Nicht irgendwann, sondern jederzeit.

AIDS, SARS, Vogelgrippe oder Klimaveränderung zeigen es: Krisen sind plötzlich global. Seuchen und Katastrophen machen nicht an Staatsgrenzen Halt. Und auch die Katastrophe vom 11. September 2001, die nicht nur die Weltmacht USA in den Grundfesten ihrer Sicherheit erschütterte, hat klar gemacht, dass wir alle eine große schicksalhafte Weltgemeinschaft sind. Der Tsunami aus dem Jahr 2004 – ausgelöst durch ein gigantisches Erdbeben vor Sumatra, als der Tod an den Weihnachtsfeiertagen in den Ferienparadiesen in Indonesien und in Sri Lanka Menschen der „Ersten" und der „Dritten" Welt, Reiche und Arme gleichermaßen traf und eine der schönsten Landschaften der Erde verwüstete – hat es über die Medien aller Welt vor Augen geführt. Und nicht zuletzt auch die Kriege der letzten Jahre: Der Einmarsch amerikanischer Truppen nach Afghanistan und später, zusammen mit englischen, in den Irak, der inzwischen viele

Menschenleben und Hunderte von Milliarden Dollar gekostet hat, ist eines der dramatischsten und folgenreichsten Beispiele globalisierter Politik. Das gilt ähnlich für die fortdauernde Aggression zwischen Israel, den Palästinensern und den Nachbarstaaten, zwischen dem Iran und Israel oder den USA, zwischen Nordkorea und der westlichen Welt oder für die seit Jahrhunderten verfolgten Volksgruppen wie den Kurden oder Religionsgemeinschaften wie den Juden oder Sunniten – um nur einige der wesentlichen kulturellen bzw. politischen Brennpunkte zu nennen.

Uniformismus und kultureller Einheitsbrei?

Wirtschaft, Technologie, Wissenschaft und Politik sind entscheidende Triebkräfte der Globalisierung und wichtige Kräfte unserer Kultur. Ihre Erfolge liegen auf der Hand. Aber auch ihre Schattenseiten: Überorganisation, Vermassung, Anonymität und Zerstörung gewachsener gemeinschaftlicher Werte oder der Natur. Ein nur noch formales Denken, das sich nicht mehr an Inhalten orientiert. Bedeutet one world auch Uniformität und kulturellen Einheitsbrei: one language, one policy, one food, one car, one music? Eine Sprache, eine Verhaltensweise und Politik, Einheitsnahrung, eine Automarke, eine Musikrichtung, Einheitskleidung oder die geklonten Zwillingsbrüder bzw. -schwestern?

Anpassung und Verlust der Individualität sind die großen Gefahren. Unser Leben, das natürliche, das kulturelle und das soziale, ist auf Vielfalt angelegt. Die natürliche Vielfalt ist massiv gefährdet. Wir sind als Teil der Evolution an die Natur zurückgebunden. Jeden Tag sterben 150 Pflanzen- und Tierarten aus. Für immer. Etwa 10 Prozent aller Vögel und ca. 25 Prozent aller Säugetiere und Pflanzenarten sind akut bedroht.

Der ungebremste Ausstoß von Kohlendioxid hat nach wissenschaftlichen Erkenntnissen schwerwiegende Folgen für Meere und Küsten. In einem im Mai 2006 veröffentlichten Gutachten warnen Forscher vor einer weiteren Erwärmung des Klimas, der Übersäuerung der Meere und einer Überfischung der Meere. Jeden Tag geraten zusätzlich 25 Millionen Tonnen Kohlenmonoxid in die Meere; wenn das so weiter geht, werden die Meere in 40 Jahren einen Zustand wie vor 300 Millionen Jahren haben. In Spanien ist die Durchschnittstemperatur in dreißig Jahren um 1,5 Grad gestiegen, weite Landstriche des Festlandes sind versteppt, tropische Krankheiten nehmen zu. Die Eisdecke in der Arktis hat wohl in den vergangenen 30 Jahren um 20 Prozent abgenommen, und schon Ende des 21. Jahrhunderts könnte die Arktis im Sommer eisfrei sein. Satellitenmessungen zufolge stieg der Meeresspiegel im vergangenen Jahrzehnt um drei Zentimeter an. Stiege er um deutlich mehr gegenüber dem vorindustriellen Wert, so die Studien, sei die Anpassungsfähigkeit der Küstenregionen überfordert. Tropische Wirbelstürme nähmen zwar nicht unbedingt an Zahl, aber an Zerstörungskraft zu. Infolgedessen droht ein Anstieg des Meeresspiegels, damit einhergehend eine Überflutung von Küstenregionen mit Vernichtung von Lebensraum und weiteren Lebewesen.

Für Al Gore, den ehemaligen und möglicherweise auch neuen amerikanischen Präsidentschaftskandidaten, ist die globale Erwärmung eine größere Bedrohung als der internationale Terrorismus. „Wir haben nur noch zehn Jahre Zeit, um den Zeitpunkt des no return, um diesen globalen Irrsinn zu ändern", mahnt er in dem 2006 in Cannes vorgestellten Dokumentarfilm „Eine unbequeme Wahrheit".

Die Menschheit hat soviel Wissen angesammelt, um Änderungen herbeizuführen. Al Gore hält uns dazu an, den eigenen Verstand einzusetzen und nicht Marketingslogans aufzusitzen. Und weist auf einen Werbespot aus den 1970ern hin: „Haben Sie keine Angst. Bei Ärzten ist Camel die beliebteste Zigarette." Al Gore war der Erste, der zum Thema Ökologie vor einigen Jahrzehnten Anhörungen im amerikanischen Kongress organisierte.

Nicht anders als in der Natur verhält es sich im sozialen und kulturellen Leben. Über die Hälfte der 6000 weltweit gesprochenen Sprachen sind vom Aussterben bedroht. Im Durchschnitt verschwindet jede zweite Woche eine Sprache. Und mit jeder Sprache stirbt Erinnerung, sterben individuelle und gemeinschaftliche Erinnerungen, mit jeden solchem Verlust werden vielfältige Feinheiten aus dem Menschheitsgedächtnis gelöscht.

Tradition ist nichts Selbstverständliches. Das Wissen der Menschheit, das in vielen so genannten unterentwickelten Ländern unserer Erde über Generationen im Gesprochenen und nur durch ausgeübte Praxis weitergetragen worden ist, droht heute verloren zu gehen. Dass viele Werke des großen Arztes der arabischen Welt, genannt Avicenna oder Ibn Sina, der in Persien und wohl auch in Bagdad gewirkt hat und dessen Werke schon vor tausend Jahren verboten wurden, durch den Angriff auf Bagdads Bibliotheken erneut vernichtet worden sind, ist ein Menetekel. Das Heilwissen alter Kulturen, das über Generationen in allen Teilen der Welt – etwa in China, in Indonesien, in Südamerika, aber auch in unserem Kulturkreis – weitergetragen worden ist, verschwindet mit der Technisierung und Modernisierung des medizinischen Wissens. Es droht, für immer verloren zu gehen, weil es nie aufgeschrieben wurde. Dasselbe gilt für traditionelle Handwerke, Kunstfertigkeiten oder kulturelle Brauchtümer und Überlieferungen.

Wo Geld alles ist, gedeiht keine Kultur

Die Wirtschaft sollte die notwendigen Voraussetzungen für das Überleben der wachsenden Erdbevölkerung schaffen. Aber wenn ein mechanistischer Ökonomismus alle Bereiche der Wirklichkeit durchdringt und auch lebendige Prozesse auf den bloßen Geldwert reduziert, wird er problematisch. Geld stiftet keinen Sinn, und das Leben hat keinen kapitalistischen Wert. Ein Erfahrungsraum wie der Wald, ein Gut wie die Gesundheit oder Bildung, ein Wert wie das Wohlgefühl, in einer angenehmen Umgebung zu leben, all das lässt sich nicht in Geld berechnen.

Leben lässt sich auch nicht, wie im Kommunismus geschehen, unter dem Vorzeichen der Vergesellschaftung der Menschen bestimmen. Indem der Kommunismus die Wirklichkeit über Arbeit und Arbeitsprozesse definiert hat, war auch er letztlich ökonomistisch geprägt und nicht auf den Wert des Lebens ausgerichtet. Friedrich Engels hat es sich in einem Brief vom September 1890, kurz vor seinem Tod, noch als Fehler angerechnet, dass Karl Marx und er in der Analyse der ökonomischen Verhältnisse und der Beschreibung der Systematik des Kapitalismus vergessen hätten, das Leben über alles zu stellen und die Kraft der geistigen Prozesse nicht richtig eingeschätzt zu haben. Nach materialistischer Geschichtsauffassung sei „das in letzter Instanz bestimmende Moment in der Geschichte die Produktion und Reproduktion des wirklichen Lebens. Mehr hat weder Marx noch ich je behauptet". Und er fährt in seinem Brief an Joseph Bloch fort: „Wenn nun jemand das dahin verdreht, das ökonomische Moment sei das einzig bestimmende, so verwandelt er jenen Satz in eine nichtssagende, abstrakte, absurde Phrase."

Wo Geld alles ist, gedeiht keine wirklich humane Kultur. Wer Geld zum obersten Gott macht und nur den lieben Markt lässt walten, darf sich nicht wundern, wenn er bald selbst nur unter dem Aspekt des Warenwerts gesehen wird. Wenn der größte Wert unserer Gesellschaft nicht Humanität, sondern tatsächlich das Geld ist, deformiert das auch die Politik. Politiker reden dann nur über Geld und Kostenmanagement, gleich, ob es um Bildung oder Kultur oder um Arbeitsprozesse geht. Die grundlegenden Probleme werden so nicht gelöst.

Wenn auch die Medizin vom Ökonomismus infiziert ist, ist das Resultat klar: Sie bleibt an der Oberfläche und wird zur bloßen Lackieranstalt für Schäden. Sie kommt nicht zum Kern, dringt nicht zum Menschen selbst mit all seinen Wesensfacetten vor, macht ihn weder mündig noch gibt sie Hilfen zur Selbsthilfe oder klärt auf. Geschweige denn, dass sie durchgehende Konzepte formuliert und Netzwerke geschaffen hätte, um die Menschen „von leicht nach schwer" zu behandeln – mit naturheilkundlichen Methoden genauso wie mit High-Tech – oder psychosozialen Therapieansätzen. Die Folge dieses Ökonomismus im Medizinsystem: Gesundheitspolitiker und Vertreter der Pharmaindustrie, die Vertreter der Krankenkassen und der Ärzte – alle schotten sich voneinander ab, kämpfen um die Verteilung der Ressourcen und gehen nicht mehr von den zentralen Fragen des Menschen und des Lebens an sich aus. Viele begreifen nicht, dass sie selbst für die Werte des Sozialen mitverantwortlich sind. Politik vernebelt gerne die Sinne. „Divide et impera", teile und herrsche, heißt übrigens der Nebelspray.

Gottesphantasien und Albträume vom Menschen

Eine immense Macht hat auch derjenige, der über unsere Gene verfügt. Diese Milliarden klitzekleiner Buchstaben, die Sie und mich ausmachen und aus denen unsere Kinder und Kindeskinder entstehen. Diese Gene selbst sind viel mächtiger und komplexer, als wir es uns je geträumt haben.

Sie legen unser Aussehen fest und lassen uns wachsen, bestimmen unser Verhalten und beeinflussen unsere Gesundheit. Wir haben auf einmal Werkzeuge in der Hand, für die die Menschheit noch nicht reif ist. Werkzeuge, mit denen wir Menschen verändern, Menschsein möglicherweise neu definieren und den Menschen wahrscheinlich neu erschaffen können.

Arrogante Wissenschaftler träumen bereits diesen Traum vom Stein des Weisen. Sie glauben, sie könnten alle Zwischenstufen zwischen Tier und Mensch und schließlich den Menschen selber züchten, und wir seien in der Lage, gottgleich die eigene Existenz zu bestimmen. Ich habe eine Horrorvorstellung: Wir alle – Pflanzen, Tiere Menschen – werden Mulis: leistungsfähig, nützlich, leicht zu beherrschen, gleichförmig – und unfruchtbar. Alles wird auf Nutzen hin gezüchtet. Das käme der Abschaffung unserer eigenen Zukunft gleich. Durch genetische Prozeduren oder Verfahren werden möglicherweise wir selbst zeugungsunfähig werden. Möglicherweise wird auch der Einsatz von Genmanipulation dazu führen, dass wir nicht überleben, weil wir entscheidende und nicht mehr zu behebende Fehler gemacht haben. Wir Wissenschaftler kennen kaum die Grundrechenarten des Lebens und haben vor kurzem angefangen, ein ganz kleines Staubkorn der existenziellen Prozesse zu entdecken. Gerade erst haben Forschungen ergeben, dass wahrscheinlich wesentliche Merkmale der Vererbung nicht nur im Zellkern – wie wir es bisher glaubten –, sondern auch in den Kraftwerken der Zelle, den Mitochondrien, gespeichert sind. Die neuste Überraschung präsentierte uns erst kürzlich eine französische Forschungsgruppe in *Nature*, einer der renommiertesten Fachzeitschriften der Welt: Mutationen – Veränderungen von Haut, Organen oder Stoffwechsel und damit auch das mögliche Auftreten von bestimmten Krankheiten in der nächsten Generation – sind sogar ohne Vererbung möglich. Also: Vererbung ohne Gene? 98 Prozent eines Gens galt bislang als „Müll". Nun konstatiert die Wissenschaft, dass dieser Löwenanteil wohl sehr wichtig zu sein scheint. Wie wir sehen, wissen wir eigentlich nichts.

Unter ökonomischen Prämissen mag eine solche Allmachtsphantasie des Menschen faszinierend sein. Aber es besteht eine potentielle Gefahr, dass wir als Menschen abdanken, weil manipulatives Eingreifen in die Zellprozesse der Fortpflanzung zwar nicht uns selbst, aber unsere Nachfahren gefährden könnte. Und das gilt auch für alle Lebensformen. Uniformität führt unweigerlich zu Lustlosigkeit und Leblosigkeit. Seit Menschengedenken züchten wir Tiere und Pflanzen, spätestens seit Mendel verstehen wir immer mehr von Vererbung und unseren Genen. Das ist faszinierend und hilfreich zugleich, zum Beispiel in der Medizin bei Transplantationen mit körpereigenem Gewebe. Ich warne nur vor der Allmachtsphantasie von einzelnen Wissenschaftlern, Börsenspekulanten und einzelnen Industriezweigen.

Vielfalt gehört zum Leben, und sie macht es spannend. Durch eine von uns selber angestoßene und nicht mehr beherrschbare Entwicklung könnten wir zudem anfällig werden gegenüber der

Natur, in der wir uns über Jahrmillionen entwickelt haben und mit der wir uns in den Jahrmillionen immer wieder in Teilungsprozessen auseinandergesetzt haben: im Immunsystem genauso wie unserem Körperbau und der gesamten Struktur des Menschen. Wir könnten plötzlich gefährdet werden, weil wir bestimmte Dinge übersehen haben oder einfach nicht wissen – und daher aussterben müssen, weil wir unwissend einen irreversiblen Prozess angestoßen haben. Auch wenn man darüber nicht nachdenken mag: wir müssen immer wieder versuchen, die Zukunft vorauszusehen.

Wenn Macht totalitär wird

Man muss kein Anhänger einer Verschwörungstheorie sein, um den Eindruck zu gewinnen, dass wir speziell in der westlichen Welt in einer gefährlichen Phase sind. Eine Gefahr nach dem 11. September besteht darin, dass Staaten unter dem Vorzeichen der Sicherheit ihre Macht einsetzen, um abweichende kritische Äußerungen zu unterdrücken. Auch in den demokratischen Ländern droht Politik restriktiver und totalitärer zu werden. Abweichler werden schnell Verdächtigungen ausgesetzt. Zweifel ist unerwünscht. Ich habe die Angst, dass wir in eine Zeit des Uniformismus hineingeschwemmt werden, in der das eigenverantwortliche Individuum nicht nur keinen Spielraum hat, sondern sich erst gar nicht mehr entwickeln kann. Dass Politik die Anpassung des Einzelnen will, ist nichts Neues. Nur: heute hat diese Dynamik eine ganz andere Kraft und Gefährlichkeit. Staaten haben es immer wieder geschafft, den Einzelnen zu entmündigen und zu unterdrücken.

Künftige Politik muss also, soll sie nicht zur Diktatur führen, in Zeiten der globalisierten Wissensexplosion von Entscheidungsträgern gestaltet werden, die auch über inhaltliche Werte reflektieren, die allgemein gebildet und auf dem neuesten Stand eines komplexen Wissens sind.

Wenn ein Staat die Ökonomie und nicht das Leben in den

Mittelpunkt stellt und nicht durch eine humane Haltung und das Wissen um Zusammenhänge kultiviert, bewegt er sich meiner Überzeugung nach in die falsche Richtung.

Kernenergie – auch eine ethische Herausforderung

Nehmen wir als Beispiel die Atomindustrie bzw. unsere Antwort auf den geborstenen Reaktor von Tschernobyl, der noch in Tausenden von Jahren strahlen wird. Wir müssen verhindern, dass er durchbricht, weil sonst die Strahlung uns alle immer weiter belastet, weltweit, und noch mehr Menschen sterben oder an Krebs erkranken. Wie gehen wir aber politisch und industriell damit um? Wir wissen seit Jahrzehnten, dass das Öl irgendwann zu Ende ist, dass wir vielleicht noch 40 Jahre Öl und noch 200, 300 Jahre Kohle haben. Aber wir wissen auch, dass wir Radioaktivität bis heute nicht rückgängig machen können. Und wir wissen auch bis heute nicht, wie wir Atomreaktoren, die explodiert sind, sicher versorgen oder abkapseln, und wir wissen auch nicht, wie wir einen terroristischen Akt – zum Beispiel einen Raketenangriff – auf Kernkraftwerke verhindern können. Politiker und Entscheider in der Industrie sollten daher nicht am schnellen Kommerz, sondern daran interessiert sein, dass die ethische, kulturelle und politische Auseinandersetzung zur Festlegung vernünftiger Ziele führt. Als das führende Land der Sicherheitstechnologie in der Kernkraft könnten wir doch ganz anders ansetzen und sagen: Eine wunderbare Herausforderung – wir können viele Menschen damit beschäftigen, zu erforschen, wie der radioaktive Prozess vielleicht umgekehrt werden könnte – nach bisherigen physikalischen Überlegungen eigentlich nicht möglich – oder wie wir Menschen, Tiere oder Landschaften kontinuierlich dekontaminieren, also entgiften können bzw. wie der dringend notwendige Sarkophagbau von Tschernobyl aussehen müsste, damit er Jahrtausende hält, und wie er jetzt schon planbar wäre. Denn, wie gesagt: der Reaktorkern glüht weiter, frisst sich weiter in den Boden und strahlt Tag für Tag, Jahrhundert für Jahrhundert, Jahrtausend für Jahrtausend, vor sich und zu uns hin.

Wir könnten gute Forschungsprogramme auflegen, könnten sogar in der Medizin maximal davon profitieren, weil es uns möglicherweise gelingen könnte, das Röntgen so strahlenarm zu machen, dass es nur noch wenige Quanten einer Röntgenstrahlung in der Zukunft braucht, um den Menschen zu durchleuchten oder eine Computertomographie durchzuführen. Oder wir würden endlich Methoden entwickeln, wie wir den Körper radioaktiv entseuchen könnten: Betroffene von Unfällen genauso wie Beschäftigte, die mit radioaktiven Materialien in Atomkraftwerken oder anderen nuklearen Industrie- bzw. Forschungszweigen arbeiten. Sollten je wieder Atomwaffen eingesetzt werden – von wem auch immer, es wäre ein terroristischer Anschlag auf die Menschheit, den wir verhindern müssen –, sollten wir gewappnet sein. Vergessen wir nicht, was ein Raketenangriff auf ein Atomkraftwerk bedeuten würde! *Ein* Hiroshima, *ein* Tschernobyl waren eins zuviel. So zu denken und zu handeln, das wäre meiner Überzeugung nach der richtige Ansatz. Aber wir gehen genau umgekehrt vor: Es werden große Märkte gesehen, jetzt besonders, wo der Ölpreis so hoch ist und Öl knapper wird. Eine inhaltliche Auseinandersetzung findet wieder einmal nicht statt, weder medizinisch oder natur- und geisteswissenschaftlich noch kulturell. Es fehlen uns die ethischen Stopp- bzw. Halteschilder.

Ich möchte nicht falsch verstanden werden: Ich bin nicht gegen die Nutzung von Radioaktivität. Aber wir müssen aus den Fehlern von Großversuchen der Menschheit lernen. Das haben wir in der Medizin ja auch getan. Madame Curie, eine der bedeutenden Radioaktivitätsforscherinnen und Nobelpreisträgerin, ist wie viele andere Wissenschaftler und Ärzte, die in der Vergangenheit täglich mit Radioaktivität in Berührung kamen, tragisch an Krebs gestorben. Krebs, besonders Leukämie, tritt auch gehäuft auf bei Menschen, die in der Nähe von Kernkraftwerken oder Wiederaufbereitungsanlagen leben. Wir wissen dies alles und auch, dass Strahlung unsere Erbanlagen, unsere Gene verändern kann, zum Beispiel die des blutbildenden Systems oder der Lunge. Leukämie oder Lungenkrebs könnten die Folge sein. Also sollten wir doch extrem vorsichtig mit dieser Technologie sein. Und forschen, forschen und noch mal forschen, um sie dann eines Tages mit viel mehr Wissen und technologischem Know-How einsetzen zu können. So gezielt und präzise, wie wir sie heute in der Medizin zur Strahlentherapie eines Tumors einsetzen.

Ich lebe in einer ehemaligen Bergbauregion. In einem der dichtbesiedelsten Landstriche der Welt haben wir einen grandiosen Wandel hinbekommen. Von „schwatt nach weiß" sage ich immer. Von Kohle (schwarz) und Stahl zu einer bedeutenden Gesundheitswirtschafts- und Kulturregion (weiß). Und wir besitzen großes Know How in Bergwerktechnologie und Veredelung von Kohle. Also was hindert uns daran, neue Technologien zur CO_2-Rückgewinnung bei Kohleverbrennung in großem Maße zu entwickeln, auch CO_2-freie Kraftwerke und neue Speicher- bzw. Rückhaltetechnologien für Kohlendioxid?

Es gibt bereits Verfahren, mit denen Millionen Tonnen Kohlendioxid in mit Salzwasser getränkten Sandschichten, in so genannten Aquifern, bis zum Ende der Erdgeschichte gebunden werden könnten. Auch ehemalige Öl- und Gasfelder eignen sich hierzu. Hier liegen also wichtige Aufgaben, ebenso wie die Sarkophagbautechnologien für Kernkraftwerke. Beides bedeutende Beiträge für die Zukunft der Menschheit und eine neue Branche für uns als erfahrene Berg- und Stahlbauer. Das geballte energietechnologische Wissen meiner Heimat nutzen!

Wir haben einen für viele Generationen schier unerschöpflichen Reichtum an Sonne, Licht und Wärme, sind wie nie zuvor in der Lage, unseren globalen Stromverbrauch drastisch zu drosseln durch bewusstes Energieverbrauchen genauso wie durch Sparstrom-Technologie. Wieso dann das Risiko einer krebserzeugenden und todbringenden Technologie im Großmaßstab überhaupt eingehen? Die Solaraktien explodieren, andere technologische Innovationen folgen. Seit 15 Jahren nutze ich Sonnenenergie zur Wärmegewinnung zu Hause. Handies oder Laptops können mittlerweile durch Sonnenenergie geladen werden, Schwimmbäder geheizt, Infozentralen an Autobahnen ebenso wie Häuser vor allem in sonnenreichen Regionen mit Strom versorgt werden. Sie würde auch zu mehr Emanzipation und Autonomie führen. Ich bin überzeugter und leidenschaftlicher Fan dieser Technologie.

Wenn wir 40 Jahre vorausdenken sollen, erscheint diese Zeitspanne enorm lang. Doch wie schnell geht unser Leben vorbei. „Nach mir die Sintflut" – das ist sicherlich auch nicht die richtige Einstellung. Unsere Kinder und Kindeskinder warten schon und beobachten uns genau. In 40 Jahren wird vermutlich alles Öl, das in Milliarden Jahren entstanden ist, nicht mehr vorhanden sein. In knapp hundert Jahren haben wir alles verbraucht. Nützliche und genauso viele unnütze Produkte sind in dieser Zeit entstanden. Aller Kunststoff dieser Erde in Computern, Haushaltsgeräten, Spielzeugen, Autos, Radios, Kleidung, Handies wurde durch Öl möglich. Aber eben doch auch die Abgase, die das Erdklima gefährden. Wie geht's in 40 Jahren weiter? Wissen Sie es? Ich nicht!

Kampf der Vogelgrippe: Es geht um die Tiere!

Auch am Kampf gegen die Vogelgrippe lässt sich eine zunehmende Tendenz zur Totalitarität vermuten: Die vom Virus betroffenen Tiere werden von uns Menschen abgeschlachtet. Regierungen rühmen sich, vorsorgend tätig zu sein, anstatt die Bedingungen zu ändern, unter denen Tiere aufwachsen bzw. ernährt werden. In Vögeln, die in Massen auf engstem Raum unter Ausschluss von Sonnenlicht und Bewegung und mit Fischabfällen und anderem „Dreck" ernährt werden, bricht irgendwann das Immunsystem zusammen. (Das würde uns Menschen übrigens genauso gehen!) Viren, Bakterien oder Pilze können sich in solch abartigen Lebenszuständen explosionsartig vermehren –

der beste Nährboden für weitere neuartige Erkrankungen. Die Vogelgrippe oder SARS sind nur ein Vorgeschmack.

Außerdem haben die Vögel weltweit wenig Möglichkeit, sich mit diesem neuen Virus auseinanderzusetzen und eine eigene Immunabwehr zu entwickeln. Nach den Gesetzen der Evolution könnten sie im immer wiederkehrenden Generationswechsel irgendwann lernen, auch neue Viren durch das Immunsystem in Schach zu halten. Diesen Ausleseprozess durchbrechen wir jäh, indem wir die Tiere töten – ohne nachzudenken und ohne Respekt vor ihrer Mitkreatürlichkeit. Zumindest könnten wir sie ja impfen und dafür Sorge tragen, dass Tiere, die zu unserer täglichen Ernährung beitragen, in Zukunft anders aufgezogen werden, zum Beispiel frei laufen können und artgerecht gefüttert werden. Wir sollten dazu unsere Speisepläne und Essgewohnheiten einmal überdenken.

Vögel, die mit Fischmehl, oder Kühe, die mit Knochenmehl und anderem tierischen oder sonstigem Abfall gemästet werden, werden aus meiner Sicht misshandelt. Das ist, wie wenn Vegetarier gezwungen würden, Fleisch zu essen. Zusätzlich werden diese Tiere hierdurch noch mit Erregern der anderen Spezies konfrontiert. Das renommierte Wissenschaftsjournal *The Lancet* hat die Hypothese veröffentlicht, BSE könne vom Menschen auf Kühe übergesprungen sein, da krankheitsbehaftete Menschenknochen als Mehl Rindern ins Futter untergemischt wurden.

Denken Sie deshalb bei BSE besonders daran – und an das damit verbundene hysterische großangelegte Rindertöten in Europa genauso wie an das Keulen von Schweinen bei der Schweinepest. Auch hierbei versagt unsere innere „Wertebremse". Ganze Landstriche in Schottland erscheinen wie ausgestorben, keine Tiere weit und breit, leere Ställe und Farmen. Diese Traurigkeit habe ich selbst erlebt.

Leider kommt unser Abgestumpftsein bzw. unsere Gleichgültigkeit nicht von ungefähr, da wir kaum noch realisieren, woher das Filet, das Steak, der Döner kommt. Wo bleibt da unser Mitgefühl?

Auch der starke Einsatz von Antibiotika in der Tierhaltung auf dem Land oder auf Fischfarmen gefährdet auf lange Sicht die Gesundheit des Menschen und auch der Tiere, wie das bei BSE, SARS oder Vogelgrippe möglicherweise schon passiert ist. Ausgeschiedene Antibiotika bleiben lange in der Umwelt, reichern sich im Nahrungskreislauf an oder gelangen ins Trinkwasser. Die Entstehung resistenter Bakterien, die gegen Antibiotika immun werden, wird dadurch extrem gefördert. Die unkontrollierte und ungezügelte Antibiotikagabe ist vor allem in Entwicklungsländern gängige Praxis. Übrigens geraten auch Hormone, die beispielsweise zu Wachstumsbeschleunigung oder Milchproduktion den Tieren gegeben werden, so in unseren Speiseplan.

Täuschen wir uns bei unserer Reaktion auf BSE oder Vogelgrippe nicht: Wir meinen das Tier, aber wir treffen auch uns.

Und wie steht es um die Millionen Menschen, die jährlich weltweit an einer „Menschengrippe" erkranken. Wie sieht es mit folgendem Horrorszenario aus: In Ihrer Familie stirbt jemand an einer Grippe, wie etwa 10 000 andere Menschen jedes Jahr in Deutschland. Plötzlich stehen lauter Entseucher in Schutzanzügen in der Wohnung und stellen alle Angehörigen und Freunde unter Quarantäne. Das könnte für einen zukünftigen Staat billiger sein als teure Forschungsförderung oder medizinische Versorgung.

Auf der ganzen Welt sind in den letzten 10 Jahren erst ca. 150 Menschen überhaupt an der Vogelgrippe gestorben. All diese Menschen haben tragischerweise mit den Tieren auf engstem Raum gewohnt. Eine Vogelgrippen-Infektion zwischen Mensch und Mensch hat wahrscheinlich bisher nicht stattgefunden. Ein eventuell erster Fall in Asien wird allerdings gerade untersucht. Es ist also noch nicht zu spät, vorzubeugen: Es müssen auch auf diesem Feld gewaltige Forschungsanstrengungen initiiert werden, zur Verbesserung der Immunlage der Bevölkerung wie der Tiere, genauso wie zur Therapie. SARS konnte aufgrund der immensen internationalen Forschungsaktivitäten innerhalb von

Monaten effektiv eingedämmt werden. Die Grundlagenforschung hat auch bereits die ersten Impfstoffe für Vögel erarbeitet, und Medikamente bzw. Impfstoffe für Menschen sind in Vorbereitung. Das lässt hoffen.

Autoritäre Kontrollmechanismen

Ein anderes Problem ergibt sich aus den staatlichen medizinischen Kontrollmechanismen, in die wir gegenwärtig hineinschlittern. Vielleicht wird uns morgen sogar verboten, dass wir Kaffee trinken oder Mohnkuchen essen. Und ich will nicht, dass mir übermorgen gesagt wird, dass wir die Fenster nicht mehr öffnen dürfen, weil sonst der Wärmehaushalt der Erde zu stark verändert wird – während gleichzeitig immer mehr Autos zugelassen werden, immer mehr Flugzeuge fliegen, Kraftwerke gebaut, die Wälder weiter abgeholzt oder, schlimmer noch, abgefackelt werden. Wie beispielsweise im brasilianischen Regenwald, wo Farmer das Land großflächig für industriellen Sojaanbau abbrennen. Die Sojaproduktion hat sich hier in den letzten sieben Jahren verdoppelt, und Tiere sind in dieser Monokultur ausgestorben. „Wo Soja wächst, herrscht Stille." Die *Lunge* der Erde, unser wichtiger Sauerstofflieferant, stirbt. Schon 15 Prozent des Regenwalds sind verloren. Wenn vierzig Prozent gerodet sind, kippt vermutlich auch das anfällige klimatische Gleichgewicht des Waldes, und der gesamte Regenwald kollabiert. Es ist zu spät, wenn uns eines Tages buchstäblich „die Luft wegbleibt".

Natürlich engagiere ich mich als Arzt für alles, was der Gesundheit und dem Leben dient. Aber Gesundheitsbewusstsein wächst über Bewusstseinsschritte. Wenn nicht über Aufklärung, sondern über Dekrete versucht wird, etwas zu ändern, sehe ich die große politische Gefahr einer solchen Entwicklung darin, dass der Mensch in der Entmündigung seiner selbst verharrt. Diese Entmündigung lässt er zu, wenn er sich zu wenig selbst ernst nimmt. Dagegen hilft nur eines: die Stärkung der Individualität und die Achtung des Zusammenhangs allen Lebens. Um dann allerdings gemeinsam zu handeln.

Fatale Blaupausen

Die Verdummung von Menschen nimmt leider zu. Es hatte mit Gier, aber auch mit Macht zu tun, dass in Korea der Klonforscher Hwang einen ganzen Staat und die wissenschaftliche Welt an der Nase herumführen konnte, weil seine Fälschungen das zu erfüllen schienen, was ökonomisch oder politisch erstrebenswert schien. In der Wissenschaft ist er international geächtet, bei den Koreanern selbst weiterhin Nationalheld.

Die Möglichkeiten politischer, technologischer und wirtschaftlicher Macht sind heute unvorstellbar groß. Die Menschheit hat auf ganz verschiedenen Ebenen ein unglaubliches Wissen angehäuft und gespeichert, das so groß und komplex ist wie noch nie in der Geschichte der Menschheit. Doch an individuellem Wissen und Urteilskraft mangelt es zunehmend, und die Menschheit rutscht in eine ungeheure „Wissensfalle" hinein. Bei gleichzeitig hohem technisch-ökonomischen Fortschrittstempo stagnieren die notwendigen politisch-gesellschaftlichen Entwicklungen. Wir geraten immer mehr in einen „rasenden Stillstand". Komplexes und kritisches Denken und weltweite Bildungsoffensiven sind gefordert, sonst droht ein moderner Analphabetismus größten Ausmaßes: Wir können dann zwar buchstabieren, Worte oder Sätze lesen, aber Zusammenhänge nicht mehr verstehen.

Und die Wissens- und Informationsexplosion geht weiter. Täglich erschienen schon vor zehn Jahren beispielsweise weltweit mehr als 40 000 wissenschaftliche Publikationen. Im Gesundheitswesen verdoppelt sich das Wissen alle fünf Jahre.

Die Verdummung verstehe ich hier nicht als individuelles, sondern als strukturelles Problem. Die entscheidende politische

Frage ist: Wie wird mit Wissen umgegangen, wird es im Interesse der Menschheit genutzt? Wir ringen nicht mehr sachlich um falsch und richtig oder diskutieren leidenschaftlich und fair. Die heutige Art der Verdummung ist zudem eine Folge der Tatsache, dass wir der Logik der Maschinen folgen. Computer denken aber nicht, Computer sind Rechenmaschinen, die uns vorgeben, möglichst viele Fakten zu speichern und abrufbar zu halten. Aber sie zeigen nicht, wie man Wissen kombiniert und kreativ nutzt. Wir passen uns immer mehr dieser Maschinenhaltung an. Wir denken mehr in Formen als in Inhalten. Mit dem Computer lassen sich fatale Blaupausen erstellen: Denn die formalisierten, gut aufbereiteten Schriftstücke und Vorlagen verführen den Entscheider dazu – vor allem unter Zeitdruck –, den Inhalt nicht mehr zu überprüfen, sie als Kopie der Kopie der Kopie usw. für jede neue Entscheidung, für jede Bestellung, für jede Anweisung, für jede neue Gesetzeslage usw. zu nutzen. Und somit schleichen sich unbemerkte bzw. zu spät entdeckte Fehler ein, die fatal enden können.

Es wäre zum Beispiel durchaus vorstellbar, dass in Zukunft ein noch vorhandenes Atomkraftwerk nicht mehr gesteuert werden kann, weil Ingenieure und Techniker mit den entsprechenden Kenntnissen fehlen werden. Das Wissen könnte einfach verschwunden sein, weil alte Computersoftware nicht mehr vorhanden ist, weil Software Jahrzehnte vorher entwickelt wurde, die entsprechende Computergeneration einfach nicht mehr verfügbar ist oder die Maschinensprache nicht mehr verstanden wird. Die Formalien wie Zulassungs- oder Umgangsgenehmigungen mit radioaktivem Material stimmen zwar, aber keiner könnte möglicherweise mehr eingreifen, vor allem nicht bei drohenden Störfällen, weil Know-How fehlt. Die Haltung, die ich vermisse: eine Leidenschaft für das Lernen, gerade wenn es um so komplizierte und komplexe Zusammenhänge geht. Diese Leidenschaft muss unseren Kindern und künftigen Generationen von Elternhaus und Schule mitgegeben werden.

Eine einmalige Chance

Globalisierung ist ein dialektischer Prozess. Im Gedanken der einen Welt und der Vision von der einen Menschheit steckt Hoffnung und die Begeisterung auf das Bessere hin. Unsere Gemeinsamkeit wird neu bewusst. Die weltweite Not ist gewachsen, aber auch die spontane Solidarität und die Verantwortung. Die Todeswelle des Tsunami hat auch eine weltweite Welle der Solidarität ausgelöst. Bei Hilfe in Gefahr zählt nicht die Herkunft oder die Religion, da gibt es nur noch Menschen. Wir werden diese Haltung weiterhin brauchen. Denn es bleibt nicht bei diesen einmaligen und dramatischen Unglücksfällen. Schleichende, aber deswegen nicht weniger gewaltige Katastrophen wie Armut, Hunger, Krankheit verlangen dauerhafte Solidarität.

Globalisierung bedeutet also nicht nur internationale Konkurrenz und wirtschaftlichen Wettkampf, sondern auch die aus der Not geborene Einsicht, dass wir ein gemeinsames Schicksal teilen. Sie ist also auch eine Chance für eine Haltung der Menschlichkeit und Rücksichtnahme. Durch die Globalisierung der Welt rückt uns der andere näher. Wir nehmen ihn wahr. Wir können ihn anders, aus der Nähe, sehen. Und damit nehmen wir den anderen Menschen, den Bruder oder die Schwester, und unsere Verantwortung für sie ernster.

Gerade weil unsere Erde aus dem Gleichgewicht zu geraten und auch unser Leben seine Balance zu verlieren droht, wächst ein neues Bewusstsein für diese Situation, kommt die Gemeinsamkeit aller Menschen neu in den Blick. Geschwisterlichkeit – das ist für mich als Naturwissenschaftler auch ein naturgegebenes Faktum. Die DNA ist zu 99 Prozent bei allen Menschen identisch. Das heißt, es verändert sich eigentlich nur noch die Hautfarbe des Menschen. Unterschiede bestehen in der Äußerlichkeit; der Schwarze, der Asiat, der Indianer, der Mestize, jeder hat eine eigene Farbe, hat bestimmte Gesichtszüge – aber dann fängt schon die Varianz an – bis hin zu Größe und unterschiedlichem Körperbau. Das Entscheidende und Unterscheidende sind der Geist und die Seele: Wir sind strukturell gleich und an Seele und Geist unterschiedlich und einzigartig, individuell. Und genau darin besteht wieder das Gemeinsame: Alle Menschen sind gleich, und jeder ist einzigartig. Individualität ist so reich und vielfältig die Menschen. Jeder von uns ist einzigartig in seinem Denken, einzigartig in seiner Gefühlswelt, einzigartig in seiner Geschichte, seiner Religiosität und Spiritualität. Wir Menschen wollen auch unter den Bedingungen der Globalisierung unsere Individualität intensiv und selbstbestimmt leben können.

Was sich daraus ergibt, ist klar: „Das Leben ist zu kostbar, um es mit Anpassung zu verschwenden", sagt Sten Nadolny in seinem wunderbaren Buch *„Selim oder die Gabe der Rede".*

Kulturelle Vielfalt ist Leben

Jeder Mensch, wo immer er lebt, möchte als Individuum ernstgenommen werden. Er möchte respektiert werden in seinem Denken, Fühlen und Handeln, in seinem kulturellen Ausdruck und Gestalten, ob es Tanz, Malerei, Kunst ist. Kulturelle Vielfalt gehört zum Menschen. Der Verlust des Individuellen als Wert wirkt sich aus – in der Medizin, in der Kultur, in der Bildung, tagtäglich bei der Arbeit, im Alltag. Wir haben daher ein ganz tiefes Bedürfnis danach, dass wir selbst wieder aktiv werden, dass wir selbst unser Leben in die Hand nehmen.

Wir sollten die Speisekarte des Lebens nicht nur lesen. Das Leben ist ein Festessen, hat einmal jemand gesagt, und die Menschen verhungern, obwohl der Tisch reichlich gedeckt ist. Ich finde es immer wieder merkwürdig, dass im Fernsehen immer mehr gekocht wird und so viele Kochbücher verkauft werden, anstatt dass die Menschen selbst kochen, also gestalten, handeln, Gemeinschaft erfahren.

Geschwisterlichkeit ist mehr als Zugehörigkeit zu einer Gruppe von Beitragszahlern, mehr als die Verbindung von Mitgliedern einer Partei, einer Religionsgemeinschaft oder auch einer Kirche. Wer nur in Kategorien der Zugehörigkeit denkt, denkt zu einseitig. Ob evangelische oder katholische Kirche, ob Islam oder andere Religionsgemeinschaften – wir dürfen nicht nur die Gemeinschaft der Gleichgesinnten im Blick haben, sondern das Leben als Leben. Es ist wie ein riesiges Delta. Unsere Aufgabe ist es, es gemeinsam zu füllen. Wir müssen den Wert des Lebens neu definieren und bewusst machen und neu darüber nachdenken, was eigentlich das Menschliche im Menschen ist und gemeinsam das Leben *leben*.

Geschwisterlichkeit zu leben ordnet sich ein in diese Grundstruktur der Lebenswirklichkeit unseres Kosmos. Denn wir leben als Menschen nicht allein. Die wunderbare Gleichzeitigkeit von Einzigartigkeit und Andersartigkeit macht das Leben lebenswert und wertvoll. Der ganze Kosmos ist so strukturiert: Angefangen bei der Andersartigkeit der Pflanzen, der Andersartigkeit der Tiere bis hin zur Differenzierung des einzelnen Menschen. Wir leben in der gleichen Welt, wir erfahren unsere Mitkreatürlichkeit, wir erleben die Einheit der Schöpfung und in diesem Moment uns selbst als ein Staubkorn der menschlichen Geschichte, der Erdgeschichte und des Kosmos.

Wir existieren aus der gleichen Substanz des Lebens. Und wir sind aufeinander und auf das Leben um uns herum angewiesen. Keiner von uns, auch wenn er noch so reich und noch so universell begabt wäre, könnte überleben ohne andere, ohne menschliche Gemeinschaft und ohne dieses Eingebundensein in das Gesamtkunstwerk Leben.

Zur Quelle kommt man nur gegen den Strom

Die Menschheit hat soviel Wissen angehäuft, ja, sie hat niemals das Wissen so global verfügbar gehabt wie jetzt. Und doch sehen wir den Wald vor lauter Bäumen nicht. Jetzt ist das *Zeitalter der Synthese* angebrochen, bzw. wir sollten es einfordern. Analysiert haben wir Menschen genug – über Jahrtausende – und uns in der Faszination der Details verloren. Jetzt ist die Zeit, in allen Bereichen wieder die Gesamtschau und die Inhalte in den Mittelpunkt zu stellen: in der Wissenschaft, der Bildung, der Arbeit, der Kultur, der Umwelt usw. Jetzt ist die Zeit, den einzelnen und gleichzeitig die Gemeinschaft zu stärken. Wir müssen diese Wende in unserer Gesellschaft selber gestalten.

Hannah Arendt schreibt uns ins Stammbuch: „Keiner hat das Recht zu gehorchen." Jeder Einzelne ist verantwortlich. Das geht nur durch Eigeninitiative und über Vernetzung. Es geht nur, indem wir beides in den Blick nehmen: Verwurzelung in einer kleinen Gemeinschaft und Offenheit für das Ganze. Die Wechselbeziehung zwischen dem Einzelnen und der Gemeinschaft ist der Raum, in dem Entwicklung zum Positiven hin passiert. Das ist ein Prozess, bei dem die Grenzen nicht klar abzustecken sind. Aber wichtig ist, dass am Ende dieses dialektischen Prozesses der Einzelne respektiert und gewürdigt wird. Und dass gleichzeitig die Gemeinschaft auch emanzipatorisch wirkt: Sie kann es werden im tragenden Gefühl, das eine Gemeinschaft bietet, und durch das Lebendige einer Gemeinschaft, eines Staates, eines Weltethos. Es gibt nur einen wirksamen Weg gegen die Entwicklung der Entmündigung: Selbstbewusstsein und Eigenverantwortung. Nur tote Fische schwimmen mit dem Strom. Um an die Quelle zu kommen, muss man gegen den Strom schwimmen. Und die Quelle ist das authentische Leben. Mein Rat ist also: Mensch, bleib nahe bei dir selbst. „Bleib Mensch." Übernimm Verantwortung. Oder, in der Sprache des Paracelus: Sei selber Arzt!

Wir brauchen Haltungen, die der Wirklichkeit gerecht werden. Dies wird nur möglich sein, wenn wir über die Bedingungen unseres Lebens nachdenken. Wir brauchen ein an den drängenden Fragen der Gegenwart ausgerichtetes ethisches und moralisches Bewusstsein. Es geht dabei darum, offen zu sein für Veränderungen, das Alte mit dem Neuen sinnvoll zu verbinden. Wenn die Vermittlung von Werten nicht mehr funktioniert, dann geht die Gesellschaft zugrunde. Familien, Kirchen, Schulen haben das früher für die Gesellschaft, das heißt: für uns alle, geleistet. Wenn es keine Orte mehr gibt, an denen verbindliche ethischen Reflektion stattfindet und an denen auch um Inhalte gestritten wird, erstarrt eine Gemeinschaft. Zwar hören wir immer lauter das Selbstbedauern und ein allgemeines Lamento darüber. Aber das genügt nicht. Wir müssen an differenzierten Möglichkeiten arbeiten und über ethische Haltungen sprechen, die jeden Einzelnen betreffen: zu Hause, in der Schule, in den Kirchen, am Arbeitsplatz, mit Freunden. Die Anregung dazu wird nicht von außen kommen. Daher nehmen wir besser unser eigenes Schicksal und das der Gemeinschaft, in der wir leben, selbst in die Hand – und handeln aus dieser Haltung heraus!

Haltung gibt Kraft und Energie, seelisches Wohlbefinden stärkt den Körper

Haltung meint etwas Geistiges, was einem aber sozusagen in Fleisch und Blut übergegangen ist. Haltung hat auch mit dem eigenen Körper, mit dem Rücken zu tun. Nahezu 70 Prozent der Bevölkerung leidet einmal pro Jahr an Rückenschmerzen, 60 Prozent der Schulkinder haben bereits Haltungsschäden. Der Rückenschmerz ist deswegen auch so ausgeprägt in unserer Gesellschaft, weil wir alle leiden: Wir leiden gesellschaftlich. Das heißt: auch die Situation in einer Gesamtgesellschaft kann dazu beitragen, dass die Menschen krank werden. Also müssen wir die Situation ändern. Die Menschen sind bedrückt, die Last liegt sprichwörtlich auf ihren Schultern oder bricht ihnen schlimmstenfalls das Kreuz. Wir haben zuviel am Hals. Wenn wir uns unsere Haltung bewusst machen und sie ändern, dann ändert sich viel mehr. Dann entwickeln wir Perspektive dort, wo andere sie nicht sehen.

Haltung beschreibt etwas Körperliches, aber auch etwas

Seelisches und zudem eine geistige Richtung. Das Wort drückt Dauer und Festigkeit, Kraft und Energie aus, beschreibt also, wie man sich zur Welt verhält. Es meint: sich für das eigene Leben, das eigene Selbst leidenschaftlich zu interessieren und bewusst und aktiv für das einzustehen, was einen interessiert in der Welt. Es beschreibt eine innere Festigkeit, die von Werten bestimmt ist – von eigenen und gesellschaftlichen – und der nicht gleichgültig ist, was wir aus unserem Leben machen. Altertümlich könnte man auch das Wort Tugend verwenden.

Wenn ich von „Sieben Haltungen" spreche, dann ist die Zahl Sieben auch symbolisch zu verstehen. Sieben Tage bestimmen den Rhythmus der Woche. Die alten Mysterien der Antike kannten siebenfache Wege der Einweihung. Und in der christlichen Tradition sind es die sieben Gaben des Heiligen Geistes. Sie versuchen – ebenso wie die sieben Todsünden, die die Tradition benennt –, das Ganze des menschlichen Lebens zu erfassen. Dieses Ganze ist keine Systematik, eher ein Rhythmus oder eine Ordnung im Kontext des Gesamtkunstwerks Leben.

Lebenskunst ist die Kunst, als Mensch in der Verbundenheit mit allem und doch als unverwechselbares und selbstverantwortliches Individuum zu agieren und so in einer Balance zu leben. Balance hier verstanden als gelungener Ausgleich von Körper, Seele und Geist, als Integration zwischen dem Einzelnen und der Gemeinschaft, zwischen uns Menschen und allem, was mit uns zusammen das Leben auf dieser Erde teilt.

Leben – eine Herzensangelegenheit

Im Herzen spüren wir die Verliebtheit, im Herzen spüren wir die Freude, wenn das Herz schneller schlägt, hier spüren wir die Verbundenheit mit den anderen. Wir brauchen eine Kultur des Herzens oder eine Kultur der Herzlichkeit. Haltungen wie Liebe, Mitgefühl und Mitleiden, aber auch Barmherzigkeit spielen hier eine wichtige Rolle. Es heißt, mit dem Herzen da zu sein für den anderen, aber auch genauso für die Mitkreatürlichkeit im Organismus von Erde und Kosmos. Herz bedeutet auch Kraft, es steht für Vitalität, für Leistungsfähigkeit. Es ist Symbol für die Einzelperson, aber auch für die Fähigkeit, das Ganze der Wirklichkeit zu erfassen. Und schließlich dafür, dass es möglich ist, dem anderen Kraft zu geben.

Wir leben heute in einer Gesellschaft des Wegschauens. Es geht darum, wieder hinzusehen und sich dem Leben in allen Facetten zuzuwenden. Der Akt der Zuwendung selbst ist bereits ein ganz entscheidender Schritt.

One world NOW – jetzt endlich

Wir wissen so viel. Jetzt endlich sollten wir handeln.

Jetzt sollten wir endlich ernst machen mit der Einsicht, dass wir alle Geschwister, Brüder und Schwestern, sind, dass wir Mitkreaturen im Weltall sind und damit genauso in Beziehungen eingebunden wie alles andere.

Jetzt endlich sollten wir konsequent handeln und das Wissen der Menschheit zusammenführen, bevor alle Ressourcen dieser Erde vergeudet und verspielt sind. Bald wird es kein Öl mehr geben und auch kein Kupfer, Gold, Stahl und Mangan – die Schätze unserer Erde werden bald aufgebraucht sein, wenn wir nichts tun.

Jetzt ist die Zeit, sich um den Erhalt der Vielfalt zu kümmern. Jetzt ist die Chance, um gemeinsam solidarisch leben und auch genießen zu können. Das Leben besteht nicht aus Arbeit um ihrer selbst willen. Arbeit ist Mittel und Zweck, damit wir Kraft haben, diese Erde weiter zu gestalten.

Jetzt sollten wir handeln, bevor unwiederbringlich komplexe Tatsachen geschaffen sind, die uns unserer eigenen Zukunft berauben. Schon jetzt haben Kinder Angst vor der Zukunft, und diese Angst wird zunehmen. Sie werden deswegen auch keine Kinder in die Welt setzen wollen, das ist jedenfalls eine bedauerliche Tendenz in den westlichen Ländern. Sie sind orientierungslos, weil sie keine oder zu wenig Inhalte mitbekommen. Wir müssen ihnen Vorbilder sein und ihrem Leben erstrebenswerte Richtungen oder sinnvolle Horizonte geben.

Jetzt sollten wir die Folgerungen aus katastrophal unsicheren Techniken ziehen und unsere Kreativität und unser Wissen für die Sicherheit einsetzen.

Jetzt sollten wir das alte Wissen der Menschheit aufschreiben, wir müssen es uns aneignen und es kultivieren, indem wir lernen, es auch zu praktizieren. Das Wissen von gestern kann das Know-How von morgen sein.

Jetzt sollten wir auch in der Medizin die wesentlichen Fragen stellen: Was – oder wen – wollen wir denn heilen? Wollen wir heilen, oder wollen wir den Menschen nur unterstützen im Gesundungsprozess? Oder wenn wir ihn nicht heilen können: Wollen wir dann bei der Lebensqualität ansetzen und Schmerzen lindern? Wie können wir sterbende Menschen bis zum Ende des Lebens menschenwürdig begleiten? Dazu gehören so elementare Fragen wie: Was ist eigentlich Gesundheit, was ist Heilen, was bedeutet Lebensqualität – Lebensqualität eben auch für den Kranken, chronisch Kranken, den Behinderten und alten Menschen? Jeder Kulturkreis, jede Religion hat für die Beantwortung solcher Fragen einen anderen Definitionsrahmen. Das ist eine wunderbare Herausforderung, um voneinander zu lernen. Es gibt eine Tendenz, in Gegensätzen und Alternativen zu denken. Aber das „Sowohl-als-auch" zu leben wird in Zukunft den menschlichen Fortschritt fördern und den nächsten Sprung, den qualitativen Sprung zu einem höheren Bewusstsein, ermöglichen. Dafür ist heute der Großteil der Menschheit bereit. Hiervon bin ich überzeugt.

Intensiv, gegenwärtig und gemeinsam

Uns bleibt immer weniger Zeit, das für die Zukunft Rettende auch zu tun und unsere Verantwortung als Weltbürger aktiv und bewusst wahrzunehmen. Nicht nur für uns allein, sondern auch für die globale Familie, die auf dieser Erde lebt. Bewusst solidarisch und nicht zerstörerisch handeln. Mit Leidenschaft und Liebe unsere eigene Kultur leben, aber auch diese Erde pflegen, die Lebensgrundlage für alle ist. Jeder kann etwas tun. Jeder kann zuhören, dem unmittelbaren Nachbarn, auch den Menschen anderer Nationen. Jeder kann auf die Erfahrung anderer achten und deren Wissen und deren Fähigkeiten respektieren, aber gleichzeitig von ihnen auch lernen. Wir müssen uns für die Vielfalt einsetzen, und das Wissen und die Vielfältigkeit der Menschen auch wirklich nutzen – und sie einfordern, wo immer sie vorhanden sind und gebraucht werden.

Jeder Einzelne ist gefordert. Aber auch wir alle als Gesellschaft. „Wir müssen die Veränderung sein, die wir in der Welt sehen wollen", hat Mahatma Gandhi gesagt.

Der Weg dazu, hier und heute?
    Leben mit Herz und Seele – intensiv, gegenwärtig und gemeinsam!

Wann, wenn nicht jetzt!

Erste Haltung

Lebe jetzt und sei gegenwärtig.
Nutze deine Zeit

„In der Ruhe liegt die Kraft"

Was ist das – Zeit?

Die erste Nacht, die wir vor 13 Jahren in unserer neuen Wohnung zubrachten, werde ich nie vergessen. Wir schliefen bereits, als die Wände zu schwanken anfingen und der Hund wie wild gegen die Außentür rannte: Plötzlich war mir klar: Ein Erdbeben mitten im Ruhrgebiet. Dann kam die Angst, das könnte das Ende sein. Wir leben in einer Bergbaulandschaft, und vielleicht sackte jetzt gerade irgendein Schacht ab. Auf dem Acker nebenan wurde ja die erste Kohle gefördert, hier in der Wiege des Ruhrgebiets sind die Kumpel mit der Schippe rausgegangen und haben sich die Kohle für ihr erstes Feuer und später für den Ofen geholt. Und später haben sie von hier aus die Schächte in die Erde getrieben, und noch vor ein paar Jahren passierte es, dass die Kühe auf einmal zehn Meter in die Tiefe absackten und verendeten … So ist unser Leben. Es kann sein, wir sacken auf einmal ab und sind tot. Oder wir fahren morgens auf dem Weg ins Büro mit dem Auto gegen die Wand. Oder ein Schlaganfall trifft uns. Im nächsten Moment kann unser Leben zu Ende sein. Das wurde mir in dieser Nacht vor 13 Jahren schlagartig bewusst.

Was ist das – Zeit? Unsere Zeit ist begrenzt. Wie lange dauert Leben? Einen Zellzyklus lang? Einen Tag, 120 Jahre? 8 Millionen Jahre oder mehr? Aber vor allem: Wie leben wir in dieser Zeit? Unser Dasein, zeitlich begrenzt, ist wie ein Blitz in einer dunklen Unendlichkeit. Wie lange auch immer es dauern mag, wir haben am Ende den Eindruck, dass es nur eine unendliche Sekunde des irdischen oder besser kosmischen Lebens währt: Kaum angekommen im Leben aus dem Irgendwo, sind wir schon wieder verschwunden … in eine andere unendliche Wirklichkeit!

Auch wenn die meisten von uns sich in diesem Moment wie unsterblich fühlen: Wir kommen alle nur für eine begrenzte Lebenszeit auf die Erde und wissen dieses Wunder kaum zu würdigen. Es ist das eigentliche Thema unseres Lebens. Doch wenn heute Forscher den Traum von der Unsterblichkeit träumen, indem sie von der unendlichen Reproduzierbarkeit des genetischen Materials sprechen oder nach der Schnittstelle zwischen Hirn und Maschine suchen, dann lenken sie mit dieser Ewigkeitsphantasie nur davon ab, was unsere Aufgabe ist: die irdische Zeit in ihrem Geheimnis und ihrer Bedeutung zu begreifen.

„Was also ist die Zeit?", fragt Augustinus in seinen *„Bekenntnissen"*. Und er antwortet sich selber: „Wenn mich niemand darüber fragt, so weiß ich es; wenn ich es aber jemandem auf seine Frage hin erklären möchte, so weiß ich es nicht." Wir wissen nicht, wann unsere Zeit abgelaufen ist und wie lange wir noch leben. Aber gerade diese Ungeklärtheit lässt uns weiter fragen. Und wenn wir bewusst darüber nachdenken, was das Maß unserer Zeit, ihr Ziel und unser Ort darin ist, dann führt die große Frage nach der Zeit auch mitten in unseren Alltag. Kennen wir unsere Zeit? Und wie nutzen wir sie? Was macht ihre eigentliche Qualität aus?

Die Vielfalt der Zeiterfahrung

Zunächst: Zeit ist so vielfältig wie die Vielfalt der Lebewesen. Im Blick auf einen Baum wie die Eibe, die seit 3000 Jahren schweigend da steht und so viel miterlebt hat, ist Zeit etwas ganz anderes als für uns. Man wünschte sich, dass sie davon erzählen, zumindest aber ein Lied singen könnte ... Für ein Kind ist Zeit etwas anderes als für einen alten Menschen. Kleine Kinder haben ja noch kein Zeitbewusstsein. Zeit findet für sie immer jetzt statt. Und alte Menschen sagen mir zwar, die Zeit gehe sehr schnell vorbei. Sie stellen oft aber fasziniert fest: „Ich lebe gerade deswegen im Augenblick, ich bin dankbar für jeden Moment."

In vierzig Jahren eines Menschenlebens kann sehr viel passieren – und möglicherweise auch so gut wie nichts. Mein Bruder Wilhelm, der mit 44 Jahren gestorben ist, hat mir kurz vor seinem Tod gesagt: „Ich habe diese 44 Jahre so intensiv wie überhaupt nur möglich gelebt." Das Wissen um das Ende seiner irdischen Lebenszeit hat ihn aber nicht apathisch werden lassen, sondern seinem Wunsch nur neue Intensität gegeben: Wir mögen überall auf der Welt friedvoll, liebevoll und gleichberechtigt miteinander umgehen und intensiv das Leben in dieser einen Sekunde des irdischen Daseins in der Unendlichkeit auskosten.

Bei schwerkranken Menschen erlebe ich immer wieder, dass sie ihre Zeit viel intensiver erfahren als die meisten von uns. Ein Krebspatient erzählte mir kürzlich, wie erfüllt er sei – von jedem Tag und jedem Gespräch. Er freute sich jetzt am Duft einer Rose, die er früher übersehen hätte, und erlebte auch Farben viel intensiver als früher.

Ähnliches habe ich bei meinem Vater erlebt, der im Alter seine Pflichten abgab, aber uns sagte, was noch zu tun sei, bevor er sterbe. Er war sich des Endes seines Lebens gegenwärtig und hat seine Zeit noch ganz bewusst genutzt und gehandelt. Er hat die alltäglichen Dinge und vor allem seine Freunde und Familie viel intensiver ausgekostet als wir. In seinen letzten drei Lebensjahren sagte er häufig: „Dietrich, mein Kopf wird so anders, ich werde nicht mehr so lange unter euch sein." Ich beruhigte ihn letztendlich mit Floskeln. Doch er fühlte bereits sein Ende. Während ich einen rüstigen Mann von 85 Jahren sah, mit dem noch 20 Jahre zusammen weiterzuleben ich große Lust verspürte und auch genauso plante, war er der Realist. Seine Zeitabläufe und sein Zeitgefühl waren anders. Außerdem war er ein sturer Westfale. Er teilte uns schon in unserer Jugend mit, dass er 87 Jahre alt würde. Und er wurde tatsächlich so alt, dank Gottes Gnaden. Dieser Dickkopf!

Es gibt aber viele Menschen, die zu glauben scheinen, dass eine unbegrenzte Lebenszeit vor ihnen läge, und die ihr Leben nicht aktiv gestalten. Sie leben, als hätten sie unendlich viel Zeit. Und es gibt auch Menschen, die darüber klagen, dass ihnen die Zeit „wegläuft". Dieses „Weglaufen" der Zeit hat wahrscheinlich auch etwas mit mangelnder Selbstbestimmtheit und Selbstreflexion zu tun. Denn die Zeit läuft nicht einfach weg. Sie ist unendlich. Und mit dieser Unendlichkeit können wir uns in Beziehung setzen.

Im Leben von Schweigemönchen zum Beispiel ereignet sich nichts von dem, was unserem Alltag seinen Takt gibt. Im Dokumentarfilm *Die große Stille* von Philipp Gröning wird ein Dasein gezeigt, das aus Ritualen und liturgischen Vorgängen sowie alltäglich zu verrichtenden Tätigkeiten besteht. Und gerade diese meditative Lebensform birgt eine höchst qualitative Zeiterfahrung, in der Gegenwart, Zeit und Ewigkeit eins werden. Ihre Erfahrung von Zeit besitzt eine unwahrscheinliche Dichte, eine andere Tiefe und eine andere Qualität. Wer ganz im Augenblick lebt und *da ist,* hat Anteil an dem Zeitkontinuum, das nicht aufhört. Für den bleibt die Zeit stehen, er hat Anteil an der Ewigkeit.

Nimm dir Zeit und nicht das Leben

Ich habe nirgendwo eine schönere Beschreibung dessen gefunden, was Zeit für uns bedeuten kann, als in Michael Endes Roman *Momo*. Momo ist ein kleines Kind, das mit Begeisterung leben will und auch das Leben für sich als lebenswert entdeckt. Plötzlich tauchen die Grauen Männer auf. Sie bieten den Menschen ein Zeitsparkonto an und versuchen sie ständig davon abzuhalten, ihr Leben wirklich zu leben. Momo weiß um die Schönheit des Lebens. Dieses Kind, das ganz im Augenblick lebt, erkennen die Männer in Grau als ihren Hauptfeind. Sie versuchen den Menschen beizubringen, rationell zu leben, sich nur auf ihre Arbeit zu konzentrieren, sie verführen sie dazu, auf soziale Kontakte zu verzichten und auf diese Weise Zeit zu sparen.

Wir Menschen würden ruheloser, unser Leben würde sicherlich immer ärmer, gleichförmiger und kälter. Und im Grunde wird keine Zeit gewonnen. Sie wird gestohlen, denn, so der Erzähler: „Zeit ist Leben. Und das Leben wohnt im Herzen." Sollen wir uns wirklich darauf einlassen? Sieht so die Zukunft der Menschheit aus? Dinge und Beschäftigungen, die uns vom intensiven und lustvollen Leben ablenken, sind gefährliche Zeitdiebe.

„Nimm dir Zeit und nicht das Leben." Dieser alte Spruch gewinnt eine neue Bedeutung, wenn man eingesehen hat: Zeit ist Leben, Leben in allen Farben. Unsere Zeit ist gerade deswegen kostbar, weil sie so beschränkt und in ihrem Charakter so geheimnisvoll ist. Wenn es eine elementare Wahrheit unseres Lebens ist, dass wir nur diese begrenzte Zeit haben, dann sollten wir mit dieser uns verbleibenden Zeit liebevoll umgehen. Darin liegt eine Aufgabe und auch eine Chance für Familien, Schulen, für kirchliche oder therapeutische Einrichtungen: Sie könnten die Menschen lehren, in ihren Alltag Rituale oder Haltepunkte einzubauen. Wir brauchen solche Haltepunkte im Strom der Zeit. Sie ergeben sich, wenn wir uns zusammenfinden, gemeinsam etwas unternehmen, uns in der Familie zum Essen, gemeinschaftlichen Singen, Spielen, oder mit anderen zum Sport oder Tanzen treffen. Solche Momente erlauben es, die Zeit wenigstens für einen Moment anzuhalten, über ihren Sinn zu reflektieren und sie in einer angemessenen Form zusammen zu leben. Wir sollten uns daher von außen Zeit weder aufdrängen noch wegnehmen lassen.

Wenn Zeit stehen bleibt

Alles hat seine Zeit. Ruhe hat ihre Zeit. Und Handeln hat seine Zeit. Das ist eine Einsicht der Bibel.

Sich Zeit nehmen, um Zeit zu haben. Sich Zeit nehmen, um in Ruhe nachzudenken und dann mit Bedacht und kraftvoll zu handeln. Um diese Dialektik geht es schon im chinesischen

I Ging: „Wer begriffen hat / und nicht handelt / – hat nicht begriffen."

Meine persönliche Erfahrung: Nicht in der Hektik, in der Ruhe liegt die Kraft. Dabei geht es nicht darum, in der Ruhe zu verharren. Aber wer sich immerzu „ein Bein ausreißen" will, um schneller ans Ziel zu kommen, wird der Wirklichkeit immer hinterherhinken. Wer dagegen zur Ruhe kommt und nicht ständig von einer hektischen Aktivität in die nächste fällt, hat die Chance, ein klares Ziel vor Augen zu bekommen.

Manchmal, wenn ich Gespräche führe, wenn Seelen sich direkt berühren oder ich mich mit einer für mich wichtigen Sache beschäftige, aber etwa auch beim Tanzen, scheint die Zeit stehen zu bleiben. Ich werde ganz ruhig. Was ich tue, erlebe ich dann sehr intensiv. In solchen Situationen bin ich ganz nahe bei einem Menschen, in einer Landschaft, mitten in der Musik. Und auf einmal ist da etwas, das mich trägt. Es ist wie ein Surfen auf der Welle der Unendlichkeit. Die Uhr läuft zwar weiter, aber gleichzeitig scheint die Zeit stehen zu bleiben. Sie bekommt eine meditative Tiefe. Das ist schwierig zu beschreiben, aber ich möchte es an einem Lieblingschorwerk von mir, den Carmina Burana von Carl Orff versuchen: Wenn ich Musik höre, fängt mein Herz an zu hüpfen. Gleichzeitig ist es so, dass nach kurzer Zeit das Denken eigentlich aufhört. Die Tagesprobleme stehen nicht mehr im Vordergrund, oder auch die Auseinandersetzung mit der Umwelt findet auf einmal nicht mehr statt, sondern es entsteht ein getragener, meditativer Raum, eine andere Welt, die ganz weich wird, aber auch auf der anderen Seite vielleicht ein Meer von Farben und Klang- und Gefühlswelt – und das vermischt sich auf einmal. Das Schöne bei den Carmina Burana ist für mich dieses Spannungsfeld zwischen feurig, blutrot, orange und den mehr Blau- und Grünfärbungen der Natur, der Wälder, also Feuer, Wälder, Wasser, solche Farben schwirren mir dann durch den Kopf, ohne dass die Gegenständlichkeit präsent ist. Und es ist schon verrückt, der Körper hört eigentlich auf zu existieren. Alles ist nur noch Musik. So fühle ich es.

In der Sufi Mystik gibt es die Vorstellung vom Kreislauf der Zeit und vom Kreislauf der Liebe. Rumi hat einmal gesagt: „Trete aus dem Kreislauf der Zeit hinaus, hinein in den Kreislauf der Liebe." Liebe ist eine sehr intensive Nähe zum anderen – in unterschiedlicher Ausprägung. Und zwar nicht nur zum Partner oder der bzw. dem Geliebten, den Eltern oder Kindern, sondern sie kann auch zu jedem Menschen, zur Pflanze, zum Tier genauso wie zu einer bestimmten Gegend oder einer Gemeinschaft von Menschen entstehen. Diese Erfahrung des Gegenwärtigseins in der Einheit von Begreifen und Handeln, dieses Offensein, das ist für mich Teil des Kunstwerks Leben.

Diese meditative Tiefe hat auch etwas mit Genuss zu tun – im Sinne von Ruhe, Muße, Kontemplation und gespürter Kraft. Das, was ich in diesem Moment tue, gibt mir Zeit in einem qualitativen Sinn, es gibt mir innere Ruhe, und das hat wiederum einen tragenden Effekt. Egal, was man tut auf der Welt, ob man einen Nagel in die Wand schlägt oder den Boden wischt, ob man irgendwelche Gedanken formuliert oder ein Buch liest, schreibt oder Sport macht – solange man dies bewusst und gleichzeitig gelassen tut und sich durch nichts anderes davon ablenken lässt, erfährt man Zeitlosigkeit. Und das lässt uns die Kraft schöpfen, die wir brauchen. Das ist das Geheimnis des Umgangs mit unserer Zeit, und darum geht es in allem, was wir tun: Präsent und in der Gegenwart sein. Da sein in der Gegenwart und gleichzeitig in sich ruhen. Sich selbst finden und sich dadurch selbst Kraft geben. Außer mir sein und gleichzeitig ganz bei mir selber sein und mich getragen wissen von einer Kraft, die nicht in Zeiteinheiten zu messen ist. Andere nennen das Flow – jenes starke Glücksgefühl, das sich einstellt, wenn ich den Eindruck habe, mitten im starken Fluss des Lebens zu schwimmen und von diesem Element getragen zu sein.

Die Tempi des Lebens

In Ruhe dabei zu sein, heißt: Kraft tanken für den nächsten wichtigen Schritt. Ruhe ist nicht gleichzusetzen mit Langsamkeit. Ich muss auch ganz schnell sein können und dann eben mit aller Kraft handeln können. Ruhe ist eine innere Quelle, ohne die inhaltsbezogenes Agieren nur bedingt möglich wäre. Gerade in der heutigen Zeit muss man beide Fähigkeiten verbinden: höchste Geschwindigkeit und Reaktionsschnelligkeit, aber auch klare und ruhige Besonnenheit im Handeln, die sicher weiß, was ansteht und wie etwas zu tun ist. Es nützt bekanntermaßen nichts, die Geschwindigkeit zu erhöhen, wenn man das Ziel aus den Augen verloren hat. Nur wenn man das Ziel *und* den praktischen Weg dorthin kennt, hat man die Energie und Sicherheit, um es intensiv und effektiv anzugehen. Immer mehr Prozesse laufen heute mit der Kraft ihrer Eigendynamik. Und wenn Entscheidungen erst einmal getroffen worden sind, wie beispielsweise im Gesundheitswesen, wo bestimmte Maßnahmenkataloge bereits verabschiedet und Gesetze, die immer mehr zur Entmündigung und Verstaatlichung führen könnten, schon entwickelt worden sind, dann braucht man noch viel mehr Energie für eine Korrektur.

Tempo ist mehr als Geschwindigkeit und hat zwei Seiten: Ruhe gewinnen durch Langsamkeit. Und dann wieder mit aller Kraft nach vorne gehen. Einen Schritt zurück, zwei Schritte nach vorne. Hektik macht blind und ist schädlich. Erst kommt das Begreifen, das verstandesmäßige Durchdenken, welches auf klaren verinnerlichten Prinzipien basiert. Wenn ein Plan dann gedanklich steht, sollte er schnell in die Tat umgesetzt werden – bevor etwa Widerstände den Mut schwinden lassen. Um Klarheit darüber zu gewinnen, was wir eigentlich wollen, müssen wir die Rasanz unserer Entscheidungsprozesse herabsetzen. Wir brauchen mehr Zeit, um alle Konsequenzen unserer Entscheidungen zu durchdenken.

Alles hat also seine Zeit und sein eigenes Tempo. Das Wort „Tempo" hat schließlich erst im 20. Jahrhundert die Bedeutung von hoher Geschwindigkeit erhalten. Die Musik kennt noch die verschiedenen „Tempi". Wir brauchen das Langsame und das Schnelle. Unterschiedliche Rhythmen sind nötig, um eine wunderbare Sinfonie entstehen zu lassen.

Zeit ist Leben

Jedes Menschenleben ist anders, und jeder Mensch spürt das Gefühl von Ewigkeit in einem anderen Moment. Manchmal merkt man es gar nicht, aber es passiert. Wenn wir uns dies wieder bewusst machen und wenn wir wieder in uns spüren, dass es solche Erfahrungen gibt und ein Gespür dafür entwickeln, wie wir sie erreichen können, wenn wir uns bewusst machen, dass es dafür Regeln gibt, die wir kultivieren können, dann ist das ein wichtiger Schritt zur Steigerung der Lebensqualität. Deshalb brauchen wir Gemeinschaften, in denen dies eingeübt wird. Aber wir brauchen auch einzelne Menschen, die uns auf die Qualität von Zeit hinweisen und uns in unserem Umgang mit der Zeit eine Kultur der Wertschätzung lehren.

Es hat immer wieder vereinzelt solche charismatisch begabten Menschen gegeben – in anderen Kulturzusammenhängen waren es Heiler, Medizinmänner, Priester oder Schamanen, die einer gewissen Gruppe Kraft gegeben haben. Es gibt in allen Kulturen die Traumvorstellung von einer gemeinsamen Meditation bzw. einer gemeinsamen Ruhephase, die alle auf eine Ebene des Loslassens bringt und der Menschheit zu einem qualitativen Sprung verhilft. Nur, wir kommen in aller Regel nicht dazu, weil wir uns immer wieder in andere Richtungen bewegen und ablenken lassen. Jeder, der sich einmal Zeit und Ruhe nimmt, merkt aber, wie wichtig solche „Auszeiten" sind, die es ihm ermöglichen, zu sich selbst zu kommen, sich selbst zu fühlen, sich selbst zu reflektieren – mit sich selbst ins Reine zu kommen. Unsere Gesellschaft zeichnet sich ja dadurch aus, dass sie mit immer mehr Kommunikation, mehr Vernetztheiten, mehr Techniken und mehr Konsumgütern den Menschen von sich selbst abzulenken versucht. Aber nur wenn ich Zeit für mich selbst erübrige, werde ich die Quellen in mir zum Sprudeln bringen.

Hier sehe ich große Chancen für die Kirchen, die Religionen und Kulturen der Menschheit. Der Zusammenhang von Kontemplation und Aktion, von Spiritualität und Engagement könnte gerade heute in seiner Dialektik wirksam werden – um ihn haben alle Religionsgründer schon immer gewusst: Auch wenn Andacht oder Beten natürlich nicht darin aufgehen – es bedeutet in der Konsequenz doch auch: Ruhe und innere Kraft finden, um sich, von innen her motiviert, mit anderen gemeinsam eins zu fühlen und sich auch in der realen Welt zu engagieren. Das hat etwas mit Selbstheilung, mit Selbsterfahrung, mit Selbstbestimmtheit und Lebensgestaltung zu tun.

Unsere Vorfahren kannten noch diese gemeinschaftliche Erfahrung. Täglich riefen die Glocken sie mehrmals zum Innehalten von der Arbeit. Unter den Bedingungen der Industriegesellschaft ist dies kaum mehr nachvollziehbar. Noch in meiner Kindheit hatte ich die Glocken täglich in meinen Ohren, und an meinem jetzigen Wohnort höre ich sie jeden Morgen um sieben Uhr. Glocken beruhigen mich. Sie schaffen tatsächlich Besinnung, wenn man ihren Ruf ernst nimmt.

Die täglichen Gebete der Muslime, die sich in Richtung Mekka wenden, wirken auf Menschen der westlichen Welt ungewöhnlich oder gar irritierend. Doch diese rituelle Handlung mag dem Betenden zumindest einen kurzen Augenblick der Ruhe und des Nachdenkens schenken. Und das ist wiederum etwas, was auch wir alle so dringend nötig haben. „Hört, ihr Leut', und lasst euch sagen", sangen vor nicht allzu langer Zeit die Nachtwächter in unseren Städten und mahnten zur Ruhe. Wir sollten dies nicht vergessen und Lebensformen entwickeln, die der Seele gut tun.

Seelsorger, aber eigentlich auch alle Heiler im umfassenden Sinne, seien es Therapeuten, Ärzte, Heilpraktiker oder Pfarrer, haben hier eine gemeinsame Aufgabe.

Die Familie, Freundeskreise oder kirchlichen Institutionen könnten einen Rahmen dafür schaffen. Wenn ich dem Leben nicht mehr Benjamin Franklins kapitalistische Definition „Zeit ist Geld" zugrunde lege, sondern die Einsicht vermittle, dass Zeit Leben bedeutet, dann bestimmt das auch unser ganzes Handeln und Tun – und, manchmal genauso wichtig: unser Lassen.

Die Zeitsouveräne sind wir selber

Wir selbst können bestimmen, ob wir uns Zeit rauben und unsere Persönlichkeit nehmen lassen oder nicht. Um wirklich Zeitsouveräne zu werden, müssen wir jedoch wieder Herr unserer eigenen Sinne werden. Wir werden durch Angebote um uns herum verführt. Man geht ins Internet und verliert sich im Netz. Man will diese unendlich vielen interessanten Dinge und das unendlich viel Wissenswerte in sich aufsaugen – und erliegt dabei der Illusion, dies dann auch wirklich zu wissen und zu können. Man möchte vielleicht auch noch das modernste Telefon haben, mit integrierter Kamera und der Möglichkeit zum Fernsehen. Allerdings ist man dann ständig mit Einstellungen, Fehlerbeheben, Nachschlagen, Verbinden mit anderen Modalitäten wie Computer, Fernseher usw. beschäftigt. Bei jedem neuen Modell beginnt die technische Sysiphusarbeit aufs Neue – und lenkt aufs Neue vom Wesentlichen ab. Wir können heute überall auf der Welt hinreisen – und kommen trotzdem nicht bei uns selbst an. Aber gerade darum geht es im Leben wirklich: um die Reise zu sich selbst.

Der Kern der Verantwortung jedes einzelnen Menschen liegt also im Umgang mit sich selbst. Der einzelne könnte dadurch wieder mehr zu sich kommen, dass er sich selbst verlangsamt oder innehält. Ich erlebe das bei mir selbst: Bestimmte Dinge tue ich einfach nicht mehr. Das ist eigentlich das Interessante dabei: Zeit bekommen geschieht durch Loslassen. Persönlicher Zeitwohlstand stellt sich dadurch ein, dass wir uns vor allem im Arbeitsleben von zeitraubenden Dingen trennen.

Ich kenne natürlich selber auch zeitraubende Aktivitäten. Der Begriff „zeitraubend" spricht ja schon für sich: Man stiehlt sich selbst Zeit. Man nimmt sich selber etwas Wesentliches weg. Und auch dann, wenn andere mich dazu verleiten, meine Zeit zu verschwenden oder sie in unnütze Dinge zu investieren, wird mir meine eigene Kraft geraubt.

Was uns verrückt macht

Zur Ruhe kommen wir nur in uns selbst. Wer sich aus der Unruhe und der von außen auf ihn einstürmenden Ablenkung nicht zurückziehen und seine Gedanken sortieren und neu reflektieren kann, steht in großer Gefahr, auf Dauer gesehen krank zu werden. Ich bin überzeugt, dass ein Teil dessen, was wir heute als Demenz erleben, auch damit zu tun hat, dass der einzelne Mensch angesichts der Überladung unseres hektischen und in seiner Komplexität kaum mehr verstehbaren Lebens einfach abschalten will. Das passiert auf verschiedenen Ebenen. Und keineswegs nur bei alten Menschen. Ich erlebe ja mittlerweile schon bei mir selber, dass ich fast nicht mehr in der Lage bin, meine neu gekaufte Software zu begreifen. Und wenn erst ein alter Mensch sich durch diese komplizierten Menüs durcharbeiten soll – wie soll der nicht wirklich ver-rückt, das heißt: aus dem Leben gerückt, werden? Wenn dann noch die Tatsache verminderter Gehirndurchblutung zu dieser Überforderung dazu kommt, warum sollte er nicht lieber abschalten? Die Konsequenz ist einerseits: die Dinge künftig so einfach, so verständlich und sicher wie irgendwie möglich zu machen: safe and simple. Das betrifft die Produkthersteller. Und was den Einzelnen angeht: Es ist entscheidend, dass man selber auf die ständige Ablenkung durch immer neue Techniken und immer neue technische Spielereien verzichten kann. Wer nur immer das Neueste um des Neuen willen haben will, ist schon in Versuchung, dem Sog der Ablenkung zu erliegen. Es geht hier um eine echte innere Haltung: Lasse ich mir etwas aufzwingen oder nicht? Nur weil es neu oder modern ist? Und immer wieder ist die Frage, der man sich bewusst stellen sollte: Wie will ich meine eigene Zeit gestalten?

Den eigenen Rhythmus finden

Wenn wir von Zeit sprechen, sprechen wir von Zeittakt und von Zeitrhythmus. Ein Rhythmus kennt Pausen und beschreibt eine Abfolge von schnell und langsam. Der Takt ist im biologischen Rhythmus des Lebens nicht vorgesehen. Es gibt den Maschinentakt, aber keinen Maschinenrhythmus. Rhythmus ist lebendig. Er schafft Spannung und Kraft, aber auch gleichzeitig Ruhe. Die Rhythmen der Zeit, die Wachen und Schlafen bestimmen, die Rhythmen der Jahreszeiten oder die Rhythmen im sozialen Alltag – sie alle geben die Spannung, die Struktur und die Differenzierung vor, die das Lebendige ausmachen.

Der Rhythmus des Lebens wird deutlich im Rhythmus des Herzschlags, und der ist wiederum unterschiedlich. Das Herz schlägt nicht im Maschinentakt, es hat immer minimale Abweichungen. Der Herzrhythmus ist mit Spannung und mit Entspannung verbunden. Er hängt davon ab, ob man sich bewegt oder nicht, er wird mal schneller, mal langsamer, und er setzt auch einmal einen Schlag aus.

Der Takt ist von außen vorgegeben, während der Rhythmus in uns ist. Der Takt hat etwas Funktionales. Der Rhythmus ist an Lebensprozesse angepasst. Der Maschinentakt ist bestimmt vom Fließband, und es gibt viele Menschen, die in diesem vorgegebenen Takt arbeiten müssen. Dieser Art der Arbeitsorganisation liegt die Idee zugrunde, dass jede Sekunde, jede Minute Geld ist. Das reicht bis in Bereiche, in denen der lebendige Mensch selber im Zentrum steht. Im Krankenhaus oder im Pflegeheim wird diese Idee dann auf monetäre Einheiten, wie bei den Stückkosten der Betriebe, heruntergebrochen, nicht aber auf Menschen. Takt hat also etwas mit unseren kommerziellen Interessen zu tun. Deswegen brauchte man diese metrische Einheit überhaupt: damit man etwas messen kann. Leben aber ist unfassbar, komplex, vielfältig, rhythmisch – und damit lebendig.

Das eigene Leben ist wie ein Musikstück. Ich selbst spiele es und bestimme seine Schönheit, seine Intensität und seine Differenzierung. Jeder kann sich sein Tempo, seine Pausen, die individuelle Beschleunigung und Entschleunigung selbst schaffen, zumindest außerhalb der Arbeitszeit. Allerdings gibt es auch – da keiner für sich allein lebt – den schwierigen Prozess des Anpassens. Die Frage der Lebenskunst ist also: Wo schaffe ich die Harmonisierungen, die Synchronisation? Den gemeinsamen Genuss?

Meditieren – dem Geheimnis der Zeit nahe kommen

Wie komme ich aber zunächst einmal für mich selbst zu dieser inneren Ruhe und dem mir gemäßen Rhythmus? Wie kann ich in mein Leben und meine Aktivitäten die Qualität der Unterscheidung bringen? Wie kann ich gelassen werden – gegenüber all den Anforderungen von außen?

Meditation ist eine solche Möglichkeit. Jeder, der meditiert, kann dem Geheimnis der Zeit nahe kommen. Wenn man im Augenblick lebt, wenn man ganz gegenwärtig ist, ist es möglich, an der Ewigkeit, also am Zeitkontinuum, teilzuhaben und so dem Zwang zu entgehen, entweder der Vergangenheit hinterherzulaufen oder der Zukunft vorauszueilen.

Wir verbinden Meditation meist mit ausdrücklich religiösen Praktiken. Wir kennen alle das Bild des Meditierenden im Lotus-Sitz. Aber Meditation spielt nicht nur in der Religion eine wich-

tige Rolle. Und sie verlangt keineswegs immer besondere Praktiken. Meditation im Alltag kann etwa in dem Moment passieren, in dem ich mich auf meine eigene Schwingung einlasse. Sie
kann sich ereignen, wenn ich konzentriert Musik höre oder ganz
in der Betrachtung eines Kunstwerks aufgehe. Bei mir selber ist
das Laufen ein meditativer Vorgang. Wenn ich laufe oder längere
Strecken schwimme und sich langsam das Gefühl entwickelt,
eins mit dem Wasser zu werden, habe ich die Erfahrung von
Transzendenz. Man kann also überall und zu jeder Zeit meditie-
ren. Es ist eine Erfahrung, die nicht an einen bestimmten Ort
gebunden ist. „Es" kann auch in dem Moment passieren, in dem
ich mit jemandem rede und mich in die Sache und in mein
Gegenüber vertiefe: „Bei sich sein" heißt ja nicht Nabelschau.
Und sich hinzugeben, heißt gerade nicht, sich zu verlieren, sondern: sich finden. Es ist ein *Raum des Dazwischen* – in between –,
in dem gleichzeitig Ruhe und Intensität ist.

Unterscheidung – Weg zur Gelassenheit

Um zu sich selbst zu kommen, ist es notwendig, zu unterscheiden zwischen dem Wichtigen und dem, was unwesentlich ist.
Nur solche Unterscheidung kann zur Gelassenheit führen. Zur
Gelassenheit kann man dadurch finden, dass man seine innere
Stimme und seine Bedürfnisse kennen lernt und sein „No" und
sein „Go" definiert. Jeder hat unterschiedliche Bedürfnisse. Jeder
erlebt anders, jeder findet sein „Wesentliches" in einem anderen
Bereich. Ich weiß inzwischen für mich, wo ich mich finden
kann: Ich finde mich, wenn ich bewusst meiner Arbeit nachgehe,
wenn ich Bücher lese oder Musik höre, wenn ich im Wald laufe, mit meiner Familie und Freunden zusammen bin, wenn ich
allein in den Bergen wandere oder im Wasser schwimmen bzw.
tauchen kann. Da öffnet sich mir ein Raum, in dem ich Ich sein
und zu mir finden kann. Da ist ein Raum, der nicht besetzt ist
von fremddefinierten Ansprüchen. Damit wird auch der Über-

gang von Arbeit und Freizeit fließend, und es erschließt sich ein Kontinuum des Wohlbefindens.

Das Wichtigste auf dem Weg zur Gelassenheit ist, sich selbst zu entdecken. Wenn man mit sich selbst, mit seinen Gedanken, mit seinem Körper und mit seiner Umwelt in Einklang kommt, dann wird man gelassen, dann kommt man zu sich selber. Die befreite Seele kann dem Körpergeist enorme Kraft geben.

Wie findet man für sich selbst kontemplative Situationen? Man schafft sie sich zum Beispiel durch Konsumaskese, durch Reduktion der Reize. Ich muss mich sozusagen herausfiltern aus dem Vielerlei der Ansprüche und fragen: Was ist für mich das Eigentliche? Computer, Zeitungen, Fernsehen, Einkaufen, Konsum – das sind Dinge, die man reduzieren kann. Natürlich bin ich kein Asket oder Einsiedlerkrebs. Ich sehe wirklich gerne eine schöne Dokumentation oder Spielfilme im Fernsehen, die ich gezielt ausgesucht habe, und gehe freitags abends gerne ins Kino. Currywurst oder Döner inbegriffen! Aber ich gehöre zu denjenigen, die den Fernsehkonsum um der bloßen Unterhaltung willen nahezu eingestellt haben. Und der Computer ist für mich heute ein Arbeitsmittel, das ich benutze, um zu schreiben und E-Mails abzurufen, mehr nicht. Ich zappe nicht mehr herum, ich muss nicht mehr jedes Programm im Detail kennen. Früher hatten diese Dinge für mich eine große Faszination. Vor 15 Jahren noch habe ich meinen Mitarbeitern und Kindern jedes Programm erklärt und sie in die Computerbedienung eingeführt. Heute nicht mehr. Ich versuche, mich auf jene inhaltlichen Dinge zu konzentrieren, die für mich selbst wichtig sind.

Die Geschichte vom Holzfäller

Die zentrale Frage ist immer wieder: Wie gehen wir mit unserer persönlichen Zeit um? Wie können wir vermeiden, dass wir ausbrennen? Kennen Sie die Geschichte vom erschöpften Holzfäller? Vielen von uns geht es wie ihm. Dieser Holzfäller wandte völlig erschöpft viel Zeit und seine letzte Kraft auf, um mit einer stumpfen Axt seine Arbeit zu tun. Als man ihn fragte, warum er denn die Axt nicht schärfe, antwortete er: „Dazu habe ich keine Zeit."

Sich selber Zeit zu nehmen, das heißt weder, dass man langsam sein muss, noch heißt es, dass man hinter allen Zielen her-hechelt. „Wenn du schnell sein willst, so mach einen Umweg." Die Japaner, von denen dieses Sprichwort kommt, sagen auch: „An dem Tag, an dem du zu reisen aufhörst, wirst du angekom-men sein." Wir im Westen können von einer solchen Kunst der Dialektik nur lernen.

Von einem östlichen Weisen stammt die folgende Geschichte: Ein eifriger junger Mann, der gerade seine Prüfung als Klemp-ner bestanden hatte, wurde zu den Niagarafällen mitgenommen. Er betrachtete also die Wasserfälle und sagte: „Ich glaube, das kann ich in Ordnung bringen."

Die Pointe dieser Geschichte: Es gibt eine Zeit zu handeln. Und es gibt Dinge, auf die sollte man wirklich keine Zeit ver-schwenden.

Es kommt alles auf diese kleine Unterscheidung an.

Zweite Haltung

Steh für dich selber ein
und sei auch für andere da

„Das Glück ist von Geburt ein Zwilling"

Angst macht krank

Es ist noch gar nicht so lange her, da hat man sich unbefangen und freundlich begrüßt, auch wenn man sich in einem großen Gebäude über den Weg lief. Ich beobachte in der letzten Zeit immer häufiger, was ich früher nur aus Großstädten kannte: Die Leute schauen weg, gucken auf den Boden, schließen sich voneinander ab. Die Scheu vor der emotionalen Berührung ist augenscheinlich. Man gibt sich auch kaum mehr die Hand. Die stärker werdende Distanz im Alltag hat sicher auch mit einem gesellschaftlichen Klima zu tun, das von wirtschaftlicher Angst und von fehlenden Perspektiven geprägt ist. Ich freue mich auf jeden Menschen, den ich sehe. Das war schon immer so.

Mein Eindruck ist: Die Angst hat sich breitgemacht bei uns. Wir haben Angst, dass jemand bei uns einbricht. Wir haben Angst, nach Asien zu reisen, es könnte ja ein Tsunami kommen. Wir haben Angst vor dem Alter, weil das mit Isolation, Würde- oder Wohlstandsverlust und sozialem Abstieg verbunden sein könnte. Und wir haben Angst vor Kriegen oder Terroranschlägen. Wir haben Angst, unser Gespartes zu verlieren, obwohl beispielsweise die privaten Haushalte in Deutschland noch nie so viel Geld hatten: über 4 Billionen Euro. Und die Gewinne der deutschen Großkonzerne waren ebenfalls noch nie so gewaltig wie 2005. Der Heidelberger Politologe Manfred G. Schmidt misst jährlich den so genannten Angst-Index. An ihm lässt sich der Anteil der Deutschen ablesen, die der Zukunft „mit großer Angst" gegenübersteht. 25 Prozent waren das noch 1991. Im Jahr 2005 waren es zum ersten Mal 50 Prozent.

Wenn wir über Angst reden, reden wir auch von Gesundheit und Krankheit. Neben den seelischen Symptomen zeigen sich bald auch körperliche. Wir wissen das, wenn wir sagen: „Die Angst sitzt uns im Nacken." Angst zieht die Muskeln zusammen, das verändert den Blutfluss. Chronische Angsthaltung kann durch

Muskelverspannung zum Verschleiß der Wirbelsäule, zum Beispiel zu Bandscheibenläsionen führen. Natürlich gibt es viele Ursachen der Angst, auch gesellschaftlich bedingte. In unserer Gesellschaft ist dieser Zustand fast schon epidemiologisch. Die bloße Vorstellung ängstigender Möglichkeiten ist oft noch gefährlicher als eine reale Gefahr.

„Angst essen Seele auf." Angst ist eine Haltung der Seele mit körperlichen Wirkungen. Eine bewusste Veränderung der Körperhaltung kann da schon viel bewirken: die hängenden Schultern zurücknehmen, Raum einnehmen, die Brust dehnen. Das sieht nicht nur schöner aus, das gibt Kraft und Selbstvertrauen und führt sofort zu einem leichten Lächeln. Versuchen Sie es.

Zuwendung als Gesundheitsfaktor

Ich mag es, Menschen nicht nur zu grüßen, sondern eigentlich einem Menschen, dem ich begegne, ganz bewusst auch die Hand zu geben. So kommuniziere ich mit ihm. Ich nehme nicht nur mit ihm Kontakt auf. Ich spüre, ob der andere nah oder distanziert ist, und ich gebe selber ein Signal der Präsenz. Das Berühren hat eine emotionale Seite und zeigt dem andern, dass ich offen bin, dass ich da bin für ihn, dass ich ihm etwas mitgeben möchte. Ich sage gleichzeitig: „Ich bin da und gebe Kraft" oder signalisiere Nähe.

Wenn ich mir selbst vorstelle, krank zu sein, dann möchte auch ich mich geborgen fühlen können. Das Gefühl von Geborgenheit hat damit zu tun, dass mir jemand die Hand auf meine Hand oder auf den Rücken oder auf die Schulter legt oder mir, wenn es mir schlechter geht, auch über den Kopf streichelt. Gerade bei starken Schmerzen oder wenn man Angst hat, ist das ein beruhigendes Element. Wir Menschen sind auf Gemeinschaft angelegt. Mitmenschliche Nähe ist daher ein wichtiger Gesundheitsfaktor. „Nähe und Zuwendung ist eine Therapieform, die aus einem chemischen Nichts einen biochemischen Vorgang macht" – zu diesem Satz stehe ich immer noch, und er wird inzwischen auch von den Neurowissenschaften bestätigt. Studien belegen: In einer Notsituation oder bei starkem Stress hilft es schon, wenn ein vertrauter Mensch die Hand hält: die Stresshormone gehen zurück. Psychologische Forschungen zeigen zudem, dass glückliche und stressresistente Menschen engere soziale Kontakte pflegen und gesünder sind als der Durchschnitt.

„Wie ich selbst"

Die Suche nach Glück verbindet uns in einer gemeinsamen Ausrichtung. Und bei aller Verschiedenheit unserer Herkunft, unserer Erfahrungen, unserer Prägung ist das, was wir suchen, auch das, was uns auf den Weg bringt. Der gemeinsame Weg ist es, der uns verbindet – auf der seelischen Ebene. Wir versuchen das Leid zu vermeiden und das Glück zu erlangen. Dieses Ziel bestimmt uns, unausgesprochen oder ausdrücklich, in dem, was wir jetzt tun, in diesem Moment unseres Lebens.

Kein Mensch kann sich ohne liebende Zuwendung richtig entwickeln, weder geistig noch körperlich. Liebe gehört von Anfang an zu unserem Leben, und das Bedürfnis nach ihr begleitet unser ganzes Leben. Das uneigennützige, nicht berechnende liebevolle Geben entzieht sich jedem Geldwertdenken. „Liebe den anderen wie dich selbst!" Damit ist auch die Urform geschwisterlicher Existenz beschrieben. Geschwisterlichkeit leben, das heißt in diesem Sinn: Ich sehe nicht nur mich, sondern auch den anderen. Dieser gleichzeitige Bezug – auf mich selbst und auf den andern – ist vielen Religionen und Kulturen gemeinsam: sich selbst zu lieben und aus der Selbstliebe heraus die Liebe zum Bruder oder zur Schwester zu entwickeln. Das Bewusstsein „wie ich selbst" wird übertragen auf alle Menschen. Der Kern dieses Bewusstseins ist wieder: Wir sind alle gleich und trotzdem einzigartig. Unsere je eigenen Fähigkeiten und unsere Besonderheit als spirituelle Wesen machen uns so unverwechselbar.

Sicher: die ersten Geschwister, die wir in unserer biblischen Überlieferung kennen, Kain und Abel, zeigen auch eine andere Seite geschwisterlicher Existenz. Es gibt ja auch Konkurrenz, Hass und Egoismus. Und jeder Mensch hat Aggressionen. Reflektiert man die eigenen Aggressionen, dann kann dieses Potential sich in eine positive Kraftquelle verwandeln, und ein Sprung nach vorne wird möglich: Es kann sich etwas Neues entwickeln und sogar eine andere, positive Qualität der *Zu*wendung entstehen. Möglicherweise ist sie neben der Liebe die verborgene Kraft, durch die wir überhaupt erst ins Handeln und in Bewegung kommen. Der Begriff Aggression leitet sich ja vom lateinischen Wort aggredi ab: „an etwas herangehen", drückt also zunächst nichts Negatives, sondern ein aktives Herangehen aus.

Auf gleicher Augenhöhe

Zuwendung hat im Wesentlichen mit Zuhören zu tun. Ein Arzt muss vieles können, vor allem aber: zuhören. Zuhören lernen, das heißt für uns Ärzte: wahrnehmen, was uns Patienten zu sagen haben. Gerade übers Zuhören, übers Nachdenken, über die Ebene des Gefühls gelingt es uns herauszufinden, was den Menschen, der vor uns sitzt, zutiefst bewegt, worunter er leidet und wie er sein Leben verarbeitet. Der eine ist ein mehr emotionaler, gefühlsbetonter Mensch, der andere verhält sich eher nüchtern, rational und sachlich. Jeder braucht eine andere Art der medizinischen Versorgung und der Zuwendung. Wie diese auszusehen hat, das muss ich als Arzt herausfinden.

Dazu brauche ich Zeit. Eine Untersuchung hat ergeben, dass in Amerika ein Patient, der gerade begonnen hat, von seinen Beschwerden zu sprechen, schon nach 18 Sekunden vom behandelnden Arzt unterbrochen wird.

Zuhören heißt: den anderen ernst nehmen und ihm auf gleicher Augenhöhe begegnen. Nur wer sich als Arzt auf den Patienten einlässt, schafft Vertrauen. Schon durch die Gestaltung des Raumes wird die richtige Atmosphäre geschaffen. Als Arzt möchte ich dem Patienten eben auch nicht in unserer weißen Berufskleidung gegenübertreten. Das schafft meiner Meinung nach zu viel Distanz. Vertrauen braucht Nähe und Offenheit und keine Abgrenzung. Um zu dem Menschen, der vor mir sitzt, sofort Zugang zu bekommen, muss ich eine entspannende Situation in einer angenehmen Umgebung schaffen. Dann ist der Mensch erfahrungsgemäß auch viel eher dazu bereit, über sich zu reden und sich zu öffnen. Und das ist für die Diagnose, etwa des Schmerzpatienten, wichtig: Hat er ein Problem mit der Wirbelsäule? Liegt ein Bandscheibenvorfall vor, oder ist der Rückenschmerz nur Ausdruck einer angespannten Situation zu Hause? Verliert er gerade einen geliebten Menschen? Ist sein Arbeitsplatz bedroht, und schlägt ihm gerade dies auf den Rücken oder auf den Magen oder geht ihm an die Nieren? Wenn jemand erschöpft ist oder sich nicht gut fühlt, kann das eine schwere Erkrankung bedeuten oder aber, dass der Ehefrieden gestört ist oder dass es berufliche Probleme gibt. Es kann aber auch sein, dass die Erkrankung die körperlichen und seelischen Symptome verstärkt. All das muss ich herausfinden. Und das gelingt mir nur, wenn ich zuhöre. Und dazu muss der Mensch sich öffnen – und um das möglich zu machen, muss ich ihm auch so begegnen, wie er es gerne hätte.

Vertrauen bedeutet das Gefühl, verstanden zu werden. Und so werde ich als Individuum immer den Vertrauensarzt suchen, der meine Sprache spricht und meine Gefühlswelt kennt. Auf dieser Ebene sind wir Menschen sehr unterschiedlich: Der eine möchte eher einen emotionalen, empathisch-zugewandten Arzt oder eine emphatisch-zugewandte Ärztin. Der andere möchte lieber jemanden, der einem sachlich und ganz nüchtern erklärt, was eigentlich auf ihn zukommt, und er möchte den Arzt auch sachlich-nüchtern begreifen. Und wieder ein anderer sucht einen Arzt, der stark naturheilkundlich geprägt ist, und der nächste einen, der mehr schulmedizinisch geprägt ist. Für alle gleichermaßen wichtig ist jedoch das Zuhören-Können auf der einen Seite und das Miteinander-Reden auf der anderen Seite. Und das als Partner.

Therapieren: Sich um den anderen kümmern

Die ursprüngliche Bedeutung des Wortes „therapeuein" führt uns zum Wesenskern therapeutischen Handelns. Das Wort kommt aus dem Griechischen und heißt ursprünglich: pflegen, behandeln, bedienen, Götter verehren, Eltern ehrfurchtsvoll behandeln, Kinder versorgen, Land bebauen. Platon benutzt den Ausdruck „psychän therapeuein": sich um die eigene Seele kümmern. „Therapeuein" bezieht sich auf alles, worum man sich kümmert, sei es aus freien Stücken, leidenschaftlich – was für mich das Wesentliche ist, wenn ich etwas tue – oder aus Pflichtbewusstsein. Erst in der zweiten Bedeutung meint „therapeuein", „therapeia" auch medizinische Pflege und Behandlung.

Eine so verstandene Pflege – ein Sich-um-den-anderen-Kümmern – ist zentrales Element medizinisch-therapeutischen Handelns. Nicht nur bei demjenigen, von dem wir es erwarten, nämlich der Krankenschwester oder dem Krankenpfleger. Diese Berufsgruppe macht es häufig so vorbildlich, dass wir Ärzte ganz viel davon lernen können. Pflegen und Behandeln ist ja eine Aufgabe, die uns Therapeuten gemeinsam gestellt ist. Und zu dieser Kernaufgabe gehört für mich primär menschliche Nähe. Diese ist mehr als verbale Kommunikation, sie ist auch nicht bloßer Informationsaustausch, sondern gespürte Verbundenheit, etwas, was dem anderen Geborgenheit vermittelt. Mütter und Väter realisieren dies, wenn sie ein krankes Kind pflegen, genauso wie Menschen, die ihre alten Angehörigen pflegen. Wenn wir Therapie so verstehen und praktizieren, werden nicht nur die Patienten davon profitieren. Wir werden merken, dass wir selber gerade daraus wieder Kraft schöpfen können.

Psychotherapeuten oder Psychologen müssen heute darum kämpfen, ihre Leistungen von den Kassen angemessen honoriert zu
bekommen. Doch gerade sie kümmern sich oft stundenlang um
den Patienten, führen schwierigste Gespräche. Sie bekommen
von uns Ärzten nicht selten die Patienten überwiesen, weil wir
den psychischen Aspekt, das Zuhören, das Reden eigentlich gar
nicht mehr als Element unserer Medizin ernst nehmen oder auch
in der Ausbildung gar nicht in dieser elementaren Kunst geschult
werden. Dabei ist doch klar: Es zeichnet uns als Menschen aus,
dass wir dem Leidenden Zuwendung zeigen, Trost spenden und
Kraft geben können. Wir therapeutisch Tätige müssen wieder
lernen, Patienten in den Arm zu nehmen, auch und gerade in
den schwersten Minuten des Lebens, ihnen bei einer schweren
Krankheit als auch bei Leiden, Trauer und Tod seelsorgerisch
zur Seite zu stehen, und zwar nicht nur den Kranken, sondern
selbstverständlich auch den Angehörigen. Wir alle, die in den
heilenden oder begleitenden Berufen tätig sind, können voneinander lernen: Wir brauchen einen Dialog zwischen der Theo-
logie, der Medizin, der Philosophie und anderen geisteswissenschaftlichen Disziplinen und sollten das, was sich im Blick auf
die Sinnfrage aus diesem Dialog ergibt, in den konkreten Alltag
der Versorgung der Menschen einbringen, es sowohl in der Vorsorge als auch im Heilungsprozess, im seelsorgerischen Begleiten und auch in der Nachsorge wieder gestaltend integrieren.
Deshalb bemühe ich mich auch persönlich um einen Dialog mit
den Kirchen und den geisteswissenschaftlichen Disziplinen. Vor
allem leidende Menschen und ihre Angehörige sind tief berührt,
wenn sie sowohl im stationären wie im ambulanten Alltag seel-
sorgerische Hilfe erfahren. Es bleibt das Gebot der Stunde: statt
Bürokratie und Kranksparen liebevolle Nähe in der Medizin zu
realisieren.

Für jede Beziehung – und eben auch für die zwischen Arzt und
Patient – gilt: Nicht nur funktionelles Fachwissen spielt eine
Rolle. Der ganze Mensch ist mit dabei: Selbstwahrnehmung und

Sensibilität für andere bedingen sich gegenseitig. Vieles geht über das Gefühl. Natürlich können uns unsere Gefühle auch täuschen und brauchen daher die sprachliche Kommunikation und die Reflexion. Es ist jedoch wichtig, auch die Gefühlsebene besser wahrzunehmen und auf diese innere Stimme zu hören. Die Sensibilität für uns selber droht, verloren zu gehen. Die Gefühle werden durch die zunehmende Entpersonalisierung gleichsam abgeschaltet, wenn wir uns den Medien und ihren Reizen schutzlos aussetzen. Wir spüren uns dann selbst immer weniger, und wir verlernen dabei auch immer mehr, den anderen zu spüren. Ich selber verlasse mich seit jeher stark auf diese innere Intuition, wenn es darum geht, Situationen zu erkennen oder mich auf Menschen einzulassen. Erkennen geht ja nicht nur über den Kopf. Es ist ganzheitlicher und bezieht die Empfindungen und die Wahrnehmungen viel stärker mit ein. Wir trennen zu schnell Körper und Geist und vernachlässigen die dialektische Beziehung zwischen den beiden: Körpergeist als Lebensform.

Das Herz-Seele-Prinzip

Eine gute Beziehung zwischen Menschen sieht den anderen als gleichwertiges Lebewesen und akzeptiert ihn als gleichwertige Persönlichkeit. Dabei ist zunächst entscheidend, sich die Selbstbestimmtheit des anderen bewusst zu machen. Und noch etwas ist wichtig: Ob es eine einmalige Begegnung ist oder eine kontinuierliche Freundschaft oder Partnerschaft oder ein Liebesverhältnis: Es gilt, den anderen in seiner Ausprägung, seiner Haltung, seinen Werten zu respektieren und auf Augenhöhe mit dem anderen zu kommunizieren – als Arzt besonders –, mit dem Kind genauso wie mit dem alten Menschen. Mit einem Kind muss man vielleicht einfacher oder anders reden. Und auch Behinderten oder einem Patienten mit Altersvergesslichkeit bzw. einer Alzheimer-Erkrankung gegenüber kann man die „richtige Sprache" finden. Jeder von uns hat vermutlich erfahren, wie schön es ist, auch mit Menschen zu kommunizieren, deren Sprache man nicht beherrscht. Es gilt dabei für mich das Herz-Seele-Prinzip: dass man, wann immer möglich, von Herz zu Herz, von Seele zu Seele mit dem anderen eine Verbindung eingeht. Und das ist bei jedem anders. Jeder Mensch schwingt anders, die Lebensgeschichte, das individuelle Wissen, Vorstellungen und Gefühlswelt sind so vielfältig, wie die Menschen zahlreich sind. Deshalb mag eben der eine die eine, und die andere den anderen lieber. Das ist auch beim Arzt oder Patienten nicht anders.

Glück kommt aus Verbundenheit

Wirkliches Glück ist nicht egoistisch. Wer mit Freude erfüllt ist, der will das auch mitteilen, er bleibt nicht bei sich stehen. „Das Glück ist von Geburt an ein Zwilling", hat jemand gesagt. Geteiltes Glück ist doppelte Freude, wie geteiltes Leid halbes Leid ist. Glück ist also nichts Exklusives. Es ist nichts, was einen Menschen eingrenzt oder ihn isoliert. Glück bestimmt und erfüllt einen Menschen ganz. Aber es ist gleichzeitig eine Haltung, die auf Ausdruck drängt, die also naturgemäß auf den anderen zugeht. Es will einen größeren Raum eröffnen. Es verbindet, denn es stiftet Beziehung und Gemeinschaft. Es macht den Menschen stärker, weil es ein tragendes Element ist, wenn man sich eins fühlt mit allem.

Glück überwindet die Begrenzung des Ego. Das kann in der Beziehung zu einem anderen Menschen geschehen. Es kann aber auch Glück sein, wenn einem bei einer überwältigenden Naturerfahrung der Mund offen stehen bleibt vor Seligkeit. Wenn ich etwa die Sonne im Meer untergehen sehe, nachts mir eine Sternschnuppe bis ins Herz fliegt oder ich den betörenden Duft einer frisch gemähten Wiese einatme, dann kann auch eine solche kosmische Erfahrung der Natur zur Aufhebung von Denkblockaden oder von Isolation und Einsamkeit führen. Glück ist auch erfahrbar, wenn ich ein Bild ansehe und es mich in der Tiefe meiner Seele anrührt. Oder wenn ich ein Musikstück höre und mich auf eine Weise angesprochen fühle, die zunächst nicht vorstellbar schien. Auch das ist eine Kraft, die Grenzen niederreißt.

Glück zeigt sich im Stillstand der Zeit: Ich lasse mich auf etwas ein, verbinde mich mit etwas, aber gleichzeitig bleibt die Welt stehen – und sei es für Sekundenbruchteile: zum Beispiel glucksendes Lachen in inniger Freude mit einem anderen fröhlichen Menschen. Ein Moment des unendlichen Glücks. Damit ist die Erfahrung des Nicht-enden-Wollens verbunden. Ralph Waldo Emerson hat gesagt, dass aus diesem Gefühl heraus auch großartige Leistungen entstehen können: „Nie wurde etwas wirklich Großes ohne Begeisterung erreicht. Sei ganz bei dem, was du tust, verbinde dich mit der Kraft." Wir Menschen aus dem Ruhrgebiet kennen davon eine sprachliche derbere Version, die genau das gleiche besagt: „Bleib bei dich bei und hau rein!" Wirkliches Glück vernebelt also nicht wie eine Droge das Bewusstsein, es macht nicht passiv und auch nicht lethargisch, im Gegenteil. Es ist etwas Kraftvolles, Intensives und Schöpferisches.

Kraft geben zur Selbsthilfe

Solche Erfahrungen sind möglich, wenn wir unsere Verbundenheit wahrnehmen. Verbundenheit ist keine Einbahnstraße. Wir müssen nicht warten, dass andere auf uns zukommen. Wir können unser Leben stärker in die eigene Hand nehmen. Und deshalb fordere ich auch den selbständigen Patienten: Er soll nachfragen, dem Arzt ruhig ein bisschen auf die Nerven fallen und seine Rechte wahrnehmen. Leider haben wir die Situation, dass Menschen zu wenig über sich selbst wissen. Wenn an den Schulen ein Gesundheitsunterricht eingeführt würde, den ich schon lange fordere, wüssten wenigstens die Kinder mehr über den Körper, über die Erkrankungen und auch über Hausmittel, und wir wären schon ein ganzes Stück weiter.

Aus der Verbundenheit könnten Menschen die Kraft gewinnen, für sich selbst einzustehen. Ein einfaches, wenn auch in Zeiten der Drei-Minuten-Gespräche etwas kühnes Mittel: Vor jedem Arztbesuch sollte ich mir drei Fragen aufgeschrieben haben, die ich auf jeden Fall beantwortet haben möchte. Eine solche Beratung kostet Zeit. Deswegen sollten wir darauf drängen, dass der Arzt für diese Zeit auch gut honoriert wird. Nur wenn Ärzte sich Zeit nehmen, werden sie gut diagnostizieren und therapieren können. Denn fünfzig Prozent aller Patienten gehen mit einem Rezept aus der Praxis oder aus dem Krankenhaus und wissen nicht mehr, welches Medikament sie einnehmen sollen, wie sie es einnehmen sollen und vor allen Dingen, was es bewirkt. Dabei ist das doch das Wichtigste: Ich muss verstehen, was mit mir passiert und was ich selber aktiv dabei tun kann. Und wir Therapeuten sind verpflichtet, jedem Patienten so viel Wissen und Kraft zu geben, dass er sich um sich selbst kümmern kann. Ich halte es auch für wichtig, dass der Patient sich selbst aussuchen kann, zu welchem Arzt oder Therapeuten er geht. Dass er die Therapieform wählen kann, die ihm angenehm ist, ob Schulmedizin, Ayurveda, Akupunktur oder High Tech – und dass er die Art der Versicherung wählen kann. Hier ist Wettbewerb gefragt und gefordert. Die besten Angebote werden sich durchsetzen. Heilung heißt auch: Selbstheilung. Der Körper selbst vollzieht ja letztendlich die Heilung. Als Arzt oder Therapeut bin ich Katalysator und helfe dem Menschen auf seinem Weg. Natürlich erhält der Patient meine konkreten therapeutischen Hilfen. Natürlich verdampfen oder operieren wir beispielsweise den Bandscheibenvorfall oder vernichten den Tumor. Aber damit ist die Sache ja nicht zu Ende. Denn es gilt zu verhindern, dass der nächste Bandscheibenvorfall entsteht, die Muskulatur muss sich wieder aufbauen, der Zustand sich stabilisieren. Oder es geht darum, die Immunabwehr zu steigern, um den Tumor in Schach zu halten. Oder ein Gefäß, das erweitert worden ist, muss durch eine entsprechende Lebensweise offen bleiben. Der Patient selber ist es, der sich in der konkreten Situation um gesunde

Ernährung, um Sport, um Entspannung, um Lösung seiner psychischen Konflikte kümmern muss. Der sich aber auch um die disziplinierte Einhaltung der Therapieanweisungen kümmern muss. Um ihm dazu die Kraft zu geben, muss ich ihm als Arzt auch das Wissen und die Einsicht in die Zusammenhänge vermitteln: Hilfe zur Selbsthilfe.

Mitgefühl und Mut

Lächeln ist der kürzeste Weg zwischen Menschen, heißt es. Für mich als Arzt gehören Freude und der Ausdruck der Freude in jeden medizinischen Alltag. Ich freue mich, wenn Menschen zu mir kommen, wenn ich neue Menschen kennen lerne, wenn ich ihnen begegne. Jemanden kennen zu lernen, der eine ganz eigene Biographie hat, eine ganz eigene Wahrnehmung der Welt, ist immer wieder eine schöne neue Erfahrung. Und ein Lächeln, auch wenn es nur das Lächeln der Augen ist oder ein innerliches Lächeln, das sich aber auf die ganze Mimik und auf die ganze Gestik überträgt, ist ein Ausdruck von Wärme, Zuwendung, Mitgefühl. Auch in schwierigen Situationen kann es helfen: Schon das Lächeln, mit dem man auf den anderen gewinnend zugeht, befreit von der Fixierung aufs eigene Ich und kann bedrohliche Situationen lockern oder vermeiden. Ein Lächeln bringt Bewegung in eine verfahrene Situation und baut dem anderen eine Brücke, auf der auch er sich bewegen kann. Meist ist zwar der eine in der Beziehung stärker, wenn er weiß, wie in einer bestimmten Situation die Lösung aussehen könnte. Er führt dann mehr, und der andere muss sich zurücknehmen. Dennoch besteht auch in der therapeutischen Situation ein Wechselspiel: In der nächsten Situation wird vielleicht der andere führen.

Zuwendung meint natürlich nicht Freundlichkeit um jeden Preis. Wir brauchen beides, Mut und Sensibilität, also ein Gespür dafür, wo Konflikte schwelen, und die Fähigkeit herauszufinden, wenn irgendetwas Störendes vorhanden ist. Wir brauchen die Bereitschaft, Probleme offen anzusprechen und ehrlich zu sein – aber auch das Gespür dafür, wo man abwarten muss und kann. Und nicht zuletzt die Fähigkeit, genau hinzusehen und zu prüfen, ob die erste Wahrnehmung auch wirklich stimmt. Konflikte werden nicht destruktiv, wenn wir versuchen, konstruktive Lösungen zu finden.

Wer neigt nicht dazu, seine Meinung über die der anderen zu stellen? Der Chef glaubt sich oft von vornherein im Recht gegenüber dem Mitarbeiter, Männer glauben sich gegenüber Frauen, Frauen gegenüber Männern im Recht. Erwachsene fühlen sich Kindern, Ältere fühlen sich Jüngeren überlegen etc. Solche Mechanismen beruhen häufig auf alten Vorurteilen. Es braucht also bei allen die Fähigkeit der Auseinandersetzung. Zu einem guten Miteinander gehört auch konstruktives Streiten-Können. Auseinandersetzungen sind wichtig, aber aggressionsbeladener Streit ist destruktiv. Man sollte sich mit Leidenschaft, aber nicht mit verletzenden Gefühlen begegnen. Wer verletzt ist, wird unsachlich – und das Problem bleibt ungelöst.

Konfliktfähigkeit bedeutet die Bereitschaft, Konflikte nicht zu verdrängen, sondern auszuhalten, sie zu überwinden und zu einer höheren gemeinsamen Erkenntnis zu gelangen. Aber auch darum geht es immer wieder: Sich zwar gegen Ungerechtigkeit und Unsolidarität zur Wehr zu setzen, aber die Wahrheit des anderen gelten lassen.

Eine chassidische Geschichte zeigt, wie ein Konflikt auf erstaunliche Weise entschärft wird: Da kommt ein Mann zum Rabbi und beklagt sich über seine Frau. Der Rabbi sagt: „Du hast Recht." Der Mann geht zurück nach Hause. Dann geht die Frau zum Rabbi und beklagt sich ihrerseits über ihren Mann. Und er gibt auch ihr Recht. Da kommen beide zurück und stellen den Rabbi zur Rede: „Beide können wir doch nicht Recht haben." Der Rabbi kratzt sich den Bart, denkt nach und sagt: „Da habt ihr natürlich Recht."

Es gibt verschiedene Wahrheiten. Es kommt immer auf den Blickwinkel an. Wir haben alle eine unterschiedliche Wahrnehmung, eine unterschiedliche Geschichte, eine unterschiedliche Sprache und eine unterschiedliche Definition von Wörtern und Sätzen und Zusammenhängen. Unser Erleben ist so vielfältig wie es Menschen gibt, und es gibt ebenso viele Möglichkeiten von Missverständnissen. Deswegen ist für mich die Gefühlsebene auch so wichtig. Denn die Sprache ist begrenzt. Sie kann nicht die gesamte Emotion und unsere Empfindungen, unsere Abstraktionen vermitteln. Und das macht die Kommunikation oft so schwierig. Um den anderen in seinem Wesen zu erfassen, brauche ich mein Bauchgefühl und meine Sinne, meine Empathie.

Gleichzeitig bei sich und beim anderen sein

„Gewöhnlich erlebt der Mensch am anderen Menschen nur die chinesische Mauer seines Ichs", hat der österreichische Philosoph Ferdinand Ebner einmal gesagt. Wir sollten wegkommen von dieser Mauer, von dem Entweder-Oder, das immer nur das Eine oder das Andere sieht. Wir sollten wieder lernen, mit den Augen und dem Herzen zu sehen. Und uns darin üben, das Sowohl-als-auch zu leben. Es geht darum, gleichermaßen und gleichzeitig sowohl den Einzelnen als auch die Gemeinschaft wahrzunehmen, das *In-sich-selbst-Sein* genauso wie auch das *Bei-den-anderen-Sein* zu leben. Wir sollten uns im Zuhören-Können üben und gleichzeitig auch lernen zu geben.

Wenn ich als Therapeut tätig bin, sollte ich auch gleichzeitig Patient sein können. Als guter Arzt sollte ich fähig sein, mich in den anderen hineinzuversetzen, mich sozusagen selber stellvertretend ins Bett legen und spüren: Was passiert jetzt in der Situation? Was ist aus der Sicht des anderen nötig, wenn ich Hilfe gebe, die Hilfe zur Selbsthilfe sein soll? Wenn ich jemand „umsorge", ist es entscheidend zu fragen, was für denjenigen wichtig ist, der meine Hilfe sucht, und nicht, was für denjenigen wichtig ist, der diese Hilfe gibt. Zu dieser Sichtweise werden wir jedoch nicht erzogen. Sie würde aber den Dualismus, die Kluft zwischen mir und dem anderen überwinden helfen. Wenn ich diese dialogische Haltung tatsächlich umsetze, dann ist das nicht nur für denjenigen wichtig, dem geholfen wird. Sondern auch für den, der hilft. Beziehung und Hilfe erfahren eine neue Qualität.

Es geht nicht um ein einseitiges Geben. Menschen, die immer nur geben und nur in der Hingabe leben, verausgaben sich. Wer ausgebrannt ist, leidet daran, dass er nicht mehr zu sich selbst kommt. Auch in ärztlichen Tätigkeiten finden wir oft dieses fremdbestimmte und von außen diktierte kurzfristige Reinspringen in ein Problem, das gleich vom nächsten abgelöst wird. Diese Kurzattacken der Aktivität, bei denen man nicht selber „dabei ist", verursachen Burn-out.

Bei permanenter Geschwindigkeit und ständig wechselnder Beanspruchung fehlt die Zeit, um in der Reflexion zu sich selbst zu finden und sich in die Situation einzuordnen. Aber nur wer auf diese Weise zu sich selbst stehen kann und auch in sich zu ruhen vermag, weil er sich in einen größeren Zusammenhang einordnen kann, wird auch den Raum kreativer Gelassenheit wahrnehmen bzw. für sich selber eröffnen können.

Deswegen ist es auch so wichtig, die elementaren Dinge in der zwischenmenschlichen Beziehung nicht außer Acht zu lassen: „Guten Tag" oder „Gute Nacht" zu sagen ist so einfach. Wie schön und überwältigend ist ein „ich hab dich lieb" oder „ich liebe dich", wenn es tief ernst gemeint ist und keine Floskel. Emotionale Berührung hat einfach nur etwas mit zwei Menschen zu tun, nur mit diesem Moment. Das ist nichts Großartiges. Aber es eröffnet einen Raum des Miteinander, in dem ich auch zu mir komme. Und gerade dadurch ist es hilfreich.

Dritte Haltung

Freue dich am Leben
und überwinde das Leiden

„Wer nicht genießt, wird ungenießbar"

Anstrengung und Freude – zwei Erfahrungen

Ich fand es schrecklich als Kind, aber es war eine wichtige Lehre für mein Leben. Wenn ich damals bei meiner Großmutter war oder sie bei uns, musste ich häufig Knoten knüpfen und vor allen Dingen entknüpfen. Knoten aus Paketbändern oder Schnüren, die sie alle von Geschenken oder Paketen in einem großen Korb gesammelt hatte. Knüpfen und entknüpfen – eine feinmotorische Arbeit höchsten Grades. Dicke, dünne, mehrfach geknotete, ganz fiese kleine und festgezurrte Knoten. Ich habe mich angestrengt, geschwitzt und mich gequält. Meine Großmutter hat stets über meine Anstrengung gelacht – und mir daneben wunderbare Geschichten erzählt. Allein deshalb habe ich meine Arbeit gemacht, weil ich gerne mit ihr zusammen war und ihren Geschichten lauschte. Knoten knüpfen und entknüpfen an sich fand ich schrecklich. Und trotzdem: Heute hat das für mich ganz viel Bedeutung: „Knoten" ist im übertragenen Sinne auch das, was ich mache, wenn ich mikrotherapeutisch tätig bin, „entknoten" hingegen das, was passiert, wenn ich Vorschläge zur Gesundheitswirtschaft entwickle – oder wenn ich Geschenke auspacke! Das geschieht jedes Mal in Andacht, und jedes Mal freue ich mich darüber, dass meine Großmutter mir einmal beigebracht hat, Knoten zu lösen. Also: ich habe mich früher geplagt, und da war etwas ganz Unangenehmes. Aber auf einmal hat es viel Freude gemacht und mir Ruhe und Zeit für Besinnung gegeben. Und ich zehre heute noch davon.

Eine andere Erfahrung, einige Jahre später: Ich war 16, und meine Noten waren alles andere als glänzend. Ich war kein einfacher Schüler, aber ein guter Sportler – vor allen Dingen Allroundsportler. Darauf bin ich heute noch stolz. Genauso wie darauf, dass ich damals der Einzige an unserem Gymnasium war, der bei „Jugend forscht" mitmachte oder als Vertreter der Schule für die Kampagne „Jugend trainiert für Olympia" ausgewählt wurde und in ein Jugendcamp nach Mexico City geschickt wer-

den sollte. Was habe ich mich gefreut! Doch dann kam die kalte
Dusche: Die Teilnahme wurde annulliert, weil mein Notendurch-
schnitt zu schlecht war. Mir fehlte sage und schreibe nur *eine*
bessere Note. Ein Traum brach zusammen. Ich bin sicher: meine
Schulleistungen wären nach der einmaligen Erfahrung, an der
Jugendolympiade teilnehmen zu können und im olympischen
Dorf wohnen zu dürfen, explodiert. So aber war ich nur noch
mehr frustriert, und meine Schullaufbahn war nie mehr von be-
sonderem Erfolg gekrönt.

Zwei Beispiele – und eine ganz simple Wahrheit. Anstrengung
und Freude, aber auch Motivation und Anerkennung gehören zusammen. Wer sich anstrengt, sollte belohnt werden. Wir dürfen
Menschen weder um die Anstrengung noch um die Belohnung
betrügen. Leistung ist aber auch nichts, das nur einseitig oder gar
ausschließlich intellektuell zu sehen ist. Auch Verzichten und
Genießen müssen keine Gegensätze sein. Sei es in der Musik
oder im Sport, jedem leuchtet ein: Nur wer intensiv übt, der kann
– nachdem er sich geplagt hat – auch das Glück der Perfektion
erleben: Auf einmal gelingt es.

Hunger ist der beste Koch, hieß es früher. Und sogar die
Bierwerbung hat erkannt: Bier wird durch Durst erst schön. Anstrengung, Frustration und Freude sind keine Gegensätze. Ein
Kind freut sich, wenn es in aller Anstrengung einen Turm gebaut
hat und dieses Bauwerk dann endlich steht. Es ist die Freude, die
aus der Gestaltung und der eigenen Leistung erwächst. Diese
simple Erfahrung ist uns verloren gegangen, weil wir Durst-
strecken und Frustrationen nicht mehr ertragen wollen. Unsere
Gesellschaft ist im Prinzip darauf aus, alles, was Mühe macht, zu
vermeiden und Leiden entweder nicht wahrhaben zu wollen oder
von vornherein zu verhindern. Wir sind eine Deo-Gesellschaft:
Wir versuchen alles verschwinden zu lassen, was schlecht aussieht oder nicht gut riecht, und was in irgendeiner Form kaputt
ist, entweder sofort zu reparieren oder zu übertünchen. Wir machen alles „easy". Wir schaffen uns den Computer als Unterhal-

tungsmaschine und das Mobiltelefon als tragbares Gedächtnis an. Am Fehlen eigener Anstrengung leiden vor allem die westlichen Gesellschaften zunehmend, im persönlichen Leben, in der Erziehung, in der Politik. Und als allererstes leidet unser Gehirn bzw. unsere Gedächtnisleistung und unser Denken.

Freude ist ein dialektischer Prozess. Was im Moment sehr frustrierend ist, kann im nächsten Moment tiefe Befriedigung bereiten. Meine eigene Erfahrung: Die Erfahrung der Freude in diesem Leben ist nie durchgängig. Glückserfahrung ist aber auch nichts Oberflächliches. *Glück* – das ist für mich der Ernstfall des Lebens. Dass wir Glück mitten im Ernst finden können, das ist für mich sogar das Zentrale. Momentane Schwierigkeiten sind nur ein Teilaspekt des Lebens. Mit Fröhlichkeit wird es nicht nur leichter, akute Probleme anzugehen. Diese positive Haltung schafft auch erneut wieder etwas Positives. Das Schwere zu lösen wird so gerade ein Teil der Fröhlichkeit. Freude und Fröhlichkeit sind, im Gegensatz zu Fun und Spaß, nicht auf den schnellen Konsum und das oberflächliche Vergnügen aus. Durch Leiden hindurchzugehen und Schwierigkeiten zu bestehen, schafft Freude. Und das gilt nicht nur für eine überstandene Krankheit. Auch eine Mathearbeit kann dazu führen: Mag das Bauchweh vorher noch groß gewesen sein – wie groß ist erst die Freude, wenn das Ergebnis dann auf einmal viel besser als erwartet oder sogar sehr gut ist.

Gesundheit und Lebenskunst

Gesundheit ist ein Begriff, der mindestens so vielfältig ist, wie es unterschiedliche Medizinsysteme oder verschiedene Kulturen gibt. Die Chinesen sagen: Gesund ist, wessen Yin und Yang ausgeglichen ist. Es gibt eine WHO-Definition, die Gesundheit als Zustand des vollkommenen körperlichen, geistigen und sozialen Wohlbefindens definiert. Und es gibt beispielsweise eine kapitalistische Mentalität, die behauptet: health is wealth, gesund ist, wer viel Geld hat.

Ich bin überzeugt: Wir sollten bei der Frage nach der Gesundheit tiefer ansetzen: Worum geht es in der menschlichen Existenz? Was ist ein erfülltes und sinnvolles Leben? Welche Rolle spielen Krankheit oder Leiden in unserer Vorstellung? Wie hängen Leib und Seele zusammen?

Für mich geht es, wenn ich von Gesundheit rede, nicht nur um körperliches Funktionieren, sondern auch um individuelle seelische Fragen, um das Finden der eigenen Mitte. Dagegen geht es bei uns in der öffentlichen Debatte oft nur um eine abstrakte Gesundheit für alle. Und alle Systeme reden nur über Kosten. Aber wer redet über die Bedürfnisse des einzelnen Menschen?

Jeder von uns trägt eine Sehnsucht nach Geborgenheit und Unversehrtheit, nach gesellschaftlicher Integration und Anerkennung sowie nach Selbstverantwortung in sich. Werden diese Sehnsüchte nicht mehr gestillt, können Krankheiten entstehen, die chronisch werden – und dann tatsächlich gewaltige Kosten verursachen. Als Arzt kann ich zwar auf die Signale des Körpers reagieren, merke dann aber sehr oft, dass das Gesundmachende auch an anderer Stelle stattfinden müsste. Laut Statistik treten Erkrankungen des Bewegungsapparates in Deutschland heute ebenso häufig auf wie psychische Leiden. Tatsächlich ist die Dunkelziffer der psychischen Erkrankungen aber weitaus höher, denn oft verbergen sich solche seelischen Krankheiten hinter einem körperlichem Leiden, für dessen Auftreten sie jedoch auslösend sind: So manche psychischen Leiden führen zu Rückenschmerzen. Chronischer Druck am Arbeitsplatz kann zu Problemen im Nacken führen. Auch Arbeitslosigkeit oder Neid können krank machen. Angst vor der Zukunft, dem Verlust eines geliebten Menschen, gesellschaftliche Perspektivlosigkeit bzw. Isolation ebenso.

Umgekehrt kann Zufriedenheit viel dazu beitragen, dass jemand kein Magengeschwür oder keine Rückenschmerzen bekommt.

Wohlbefinden, verstanden als gute Lebensqualität für Körper, Seele und Geist, hat mit Lebenskunst, Lebenskompetenz und Lebensgenuss und auch mit Lebensmut zu tun. Es bezieht sich zunächst einmal auf ein mentales Erleben und hat eine emotionale Bedeutung, es hat aber auch etwas mit geistiger Klarheit und Lebensfreude zu tun. Wohlfühlen kann ich mich durchaus auch, wenn ich einmal eine körperliche Verspannung habe oder anderweitig körperlich eingeschränkt bin, zum Beispiel an einer Arthrose eines Gelenkes leide oder gar bettlägerig bin. Zufriedenheit im Umfeld mit Freunden und Familien gehört ebenso zum Wohlbefinden wie Zufriedenheit mit der Arbeit oder die kulturellen Möglichkeiten und das politische Klima. Es ist nicht mit seichter Wellness zu verwechseln.

Ich selber habe in der Folge eines Unfalls den Schmerz kennen gelernt, von dem viele Menschen im Alter betroffen sind. Und das kann wirklich zermürben! Aber schwierige Situationen sind dazu da, überwunden zu werden: Ich habe selber erfahren, wie die Lebensfreude zurückkommen kann: Notwendig ist, das Leiden zunächst einmal zu akzeptieren. Wenn sich diese Haltung verbindet mit liebevoller Unterstützung von Familie, Freunden und Arbeitskollegen sowie einer hochkarätigen medizinischen Versorgung und Schmerztherapie, dann kann auch Heilung bzw. gute Funktionsfähigkeit eintreten. Die Kraft von innen und von außen kann neue, überraschende Lebensperspektiven eröffnen.

Freuen kann sich jeder

Freuen kann sich jeder. Auch dies kann ein Lernprozess sein. Auch mir ist die pure Freude nicht gerade als selbstverständliches Lebensgefühl vermittelt worden. Fast könnte ich sagen: Ich habe mir meine Freude gegen harte Widerstände erarbeiten müssen. Reichtum ist nicht das Kriterium für Glück. Und Genuss ist nicht von Geld abhängig. Er ist zudem weder einsam noch passiv. Er hat eine aktive Komponente und ist keineswegs nur

auf die positiven Dinge des Lebens bezogen. Er schließt auch
die Fähigkeit ein, mit Leiden und schwierigen Aspekten des Lebens umgehen zu können. Ärger und Reibereien, Konflikte und
Probleme gibt es schließlich überall, wo Menschen miteinander
im Kontakt sind. Daneben gibt es Widrigkeiten, die sehr viel tiefer greifen und die existentieller sind, die Auseinandersetzung an
der Grenze zum Tod beispielsweise oder die Konfrontation mit
Abschieden – auch sie gehören zum Leben. Lebenskunst bedeutet auch, sich trennen zu können, einen geliebten Menschen zu
verlieren und trotzdem wieder mit Kraft weiterleben zu können.
Im Leben geht es auf und ab. Wir alle kennen Krisen und Nieder-
lagen, die wir bestehen und durch die wir hindurchgehen müssen. Aber immer wieder gehört dazu ein grundlegendes Staunen
und die Dankbarkeit darüber, dass wir überhaupt leben dürfen.
Und aus diesem Staunen und aus dieser Dankbarkeit entsteht
auch Kraft, Läuterung und eine neue positive Lebenseinstellung.
Und so gilt für mich: Eine neue elementare Lebensfreude kann
man auch und gerade aus der Überwindung von Krisen gewinnen. Das habe ich besonders durch und nach dem Tod meines
Bruders gelernt.

Wir leben in einer überzogenen Fun- und Spaßgesellschaft,
aber gleichzeitig in einer relativ freudlosen Gesellschaft. Ich bin
des öfteren in Thailand gewesen, aber auch in Indonesien oder
Sri Lanka – in all diesen vom Buddhismus oder Hinduismus geprägten Ländern des asiatischen Kulturkreises habe ich eine ganz
andere Lebensfreude im Alltag erlebt als hierzulande. Auch in
den Ländern Afrikas kann man erfahren: Freude hat etwas un-
gemein Belebendes, etwas, das man nicht kaufen kann. Am deut-
lichsten zeigen uns das die Kinder, die morgens aufwachen und
strahlen: Hurra, ich bin da.

Freude ist etwas ganz Wichtiges. Das Entscheidende ist, sich immer wieder darüber bewusst zu werden, dass jeder Moment unseres Daseins und unseres Tuns ein Anlass zur Freude ist. Dem
voraus geht die Dankbarkeit: Dieses Leben mit Leib und Seele

zu erfahren und als elementares Geschenk anzunehmen und es zu genießen, das ist Ausdruck von Dankbarkeit. Dankbarkeit ist für mich der Schlüssel zum Glück und zur Freude. Der Königsweg zum wirklichen Glück ist Bewusstwerdung, ist Wahrnehmung, Spüren. Die wirklichen Freuden des Lebens sind ganz elementar: Ob ich mich nun bewege, ob ich für Gäste koche und in der Gemeinschaft esse oder laufe, ob ich lache oder singe, tanze oder schwimme oder in den Bergen wandere: all dies sind Freudenereignisse, Elemente der Entspannung und des Wohlfühlens, die ich bewusst wahrnehmen und spüren kann.

Genießen – ob Currywurst oder Festmenü

Essen ist für mich ein elementarer Genuss. Ob Festmenü oder Currywurst – das Entscheidende ist, dass die Mahlzeit gut schmeckt, dass man mit Vergnügen isst und bewusst genießt. Das Wichtigste ist nicht die ständige Beobachtung der Kohlehydrate und des Nährwerts, sondern die bewusste Wahrnehmung und Reflexion dessen, was man isst und wie man es tut. Dafür sollte man sich Zeit lassen. Genießen – ja, aber mit Verstand und im Wissen um Zusammenhänge. Schon ein Kind, das um die ökologischen Zusammenhänge weiß, merkt auf einmal, dass eine Tomate, die auf dem Balkon bei der Großmutter oder zu Hause im Garten wächst, besser schmeckt als beispielsweise die gespritzte und wässrige Tomate aus Groß-Zuchtanlagen. Am besten schmeckt das Essen, wenn man sich schon mit der Absicht hinsetzt, es zu genießen. Auch der Wein ist delikater, wenn man ihn zum Genuss trinkt. Am köstlichsten schmeckt natürlich immer noch, was man gemeinsam genießt. Geteilter Genuss ist potenzierter Genuss. Eigentlich weiß das jeder. Schon Kochen bedeutet ja Vorbereitung und Zubereitung und damit auch Zeit, Anstrengung und Mühe – all das ist aber auch Voraussetzung für die gemeinsame Freude. Beim gemeinsamen Kochen erst recht. Der betörende Duft von Speisen, das Verwöhnen des Auges durch ein gemütliches Anrichten des Tisches oder die Dekoration auf dem Teller erhöhen den eigenen und gemeinsamen Genuss.

Genuss beim Essen meint daher nicht Völlerei, sondern auch: sich mäßigen können. Mass halten: lieber weniger intensiv anstatt viel überhaupt nicht genießen. Und dies kann durchaus mit Verzichten einhergehen. Man verzichtet auf Dinge, um anderes genießen zu können. Ich weiß, wenn ich faste, dann wird der Geschmack danach intensiver und präsenter, sowohl in der sichtbaren und geschmacklichen als auch in der emotionalen Wahrnehmung des Genusses selbst. Auch die Gesundheit geht mit Mäßigung einher, und dazu gehört es, das Gleichgewicht zu finden: das Gleichgewicht mit der Natur und mit sich selbst.

Wer sich bewegt, kann auch bewegen

Bewegung ist Leben. Zur Lebensqualität gehört auch, das herauszufinden, was die Chinesen mit Yin und Yang bezeichnen, Balance von Ruhe und Bewegung. Bewegen – Bewegt-Sein ebenso wie Bewegt-Werden und Sich-bewegen-Lassen –, ist ja eine Haltung. Ich habe immer viel Sport gemacht, ich musste meinen Körper im wahrsten Sinne des Wortes nach vorne bewegen, jeden Muskel, und ich habe im Sport fast alles durchgemacht, was man so machen kann, Leichtathletik, Turnen, Schwimmen, Fußball, Handball, Volleyball, Basketball, Tennis, Golf, Tischtennis, Segeln bis hin zu Billard, aber auch Karate, Tai Chi, Taek-Wan-Do. Mit vier Jahren wollte ich Klavier spielen, ich hatte einfach das Gefühl, ich muss mich ans Klavier setzen, und dann sagte die Klavierlehrerin, die Finger seien zu klein. Aber mir war klar: die Musik, die Bewegung dabei, das zieht mich an.

Körperliches Bewegtsein hat sehr viel mit dem innerlichen geistigen Bewegtsein zu tun. Wer sich bewegt, kann etwas bewegen, innerlich und äußerlich. Das ist Lebendigkeit. Bewegung ist Körpererfahrung, und sie vermittelt nicht nur Lebenslust, sondern auch Gesundheitskompetenz. Ich habe mir inzwischen für den Morgen eines jeden Tages eine 20-minütige Yoga-Übung zusammengestellt, die so aufgebaut ist, dass ich jeden Muskel im Körper anspanne und anschließend entspanne und dabei ganz bewusst ein- und ausatme. Ich mache das nicht gezielt, um leistungsfähig zu sein, sondern vor allem aus Lebenslust. Durch Yoga erfahre ich mich auf eine ganz andere Weise als sonst, ich fühle mich gut und gehe nach jedem Training voller Power in den Tag. Andere laufen oder schwimmen morgens oder gehen abends ins Fitnesscenter bzw. spielen Golf. Hauptsache, einmal bewusste Bewegung täglich, das haben so viele Menschen vergessen.

Nietzsche hat einmal gesagt: „So wenig als möglich sitzen, keinem Gedanken Glauben schenken, der nicht im Freien geboren ist, in der freien Bewegung, in dem nicht auch die Muskeln ein Fest feiern." Der Gegenbeweis ist natürlich Nelson Mandela, der über 30 Jahre im Gefängnis saß und in hohem Alter sein Land regierte. Aber für die meisten gilt: Wer sich bewegt, erfährt sowohl seine Stimmung als auch seine körperliche Verfasstheit. Du selber bist dir dann der beste Arzt. Du selber merkst in der Bewegung, wo es klemmt am Körper, wie es um deine Tagesverfassung und um dein innerliches oder körperliches Gleichgewicht steht. Gleichzeitig hilft die Bewegung auch, Spannungen zu lösen. Das ist das eine. Das andere ist eine neurophysiologische Tatsache: Bei Bewegung ist auch das Gehirn hochgradig aktiv: auf der emotionalen Ebene der Verarbeitung, aber auch in seiner plastischen Entwicklung, weil durch die Bewegung alle Gehirnregionen angesprochen sind. Menschen, die mit den Händen arbeiten, die Klavier oder Flöte spielen, die basteln, Knoten lösen oder Golf spielen, die also Tätigkeiten ausüben, welche einen synchronen Ablauf von Bewegung und Entspannung, meditativem Loslassen und Konzentration verlangen, beugen auch Alterungsprozessen vor. Denn solche Tätigkeiten verlangen Aufmerksamkeit und fördern die Durchblutung. Aus der funktionellen Kernspintomographie wissen wir, dass in einem bestimmten Areal des Gehirns die Durchblutung zunimmt, wenn wir die Finger bewegen. Ich mag es, wenn ich meine Muskeln bewege, und ich weiß, dass es anderen Menschen genauso geht. Zum Beispiel laufe ich am Wochenende und im Urlaub täglich. Ich genieße dieses wunderbare Gefühl, das ich empfinde, wenn alles in Bewegung ist, wenn ich mich fallen lasse und in einem Zustand innerlicher Freiheit bin. Ich laufe auch häufig im Wald, und wenn ich dann seinen Duft rieche und seine natürliche Lebenswelt wahrnehme, bin ich auf einmal völlig entspannt. In diesem meditativen Ruhezustand, der sich dann auf einmal in mir breit macht, kommen mir plötzlich die besten Gedanken. Viele Entscheidungen treffe ich beim Laufen. Meine Ideen für neue Projekte, für Bücher, für neue medizinische Instrumente oder Verfahren sind mir bisher immer beim Laufen, immer in der Bewegung gekommen.

In den *Bergen* erfahre ich dieses Glück ganz besonders: Berge geben mir Kraft und Rückendeckung. Sie ziehen mich hoch, bewegen mich und zeigen mir: Man muss sich anstrengen, um ein Ziel zu erreichen. Wenn man dann da ist, spürt man die Genugtuung, macht manchmal sogar die Erfahrung der Glückseligkeit, die darin besteht, ein schwieriges Ziel erreicht und die Widernisse des anstrengenden Ersteigens überwunden zu haben. Eine Bergwanderung ist jedes Mal eine Herausforderung. Je weiter und je höher der Weg ist, desto lieber ist er mir. Er gibt mir gerade dadurch Kraft, dass er mir meine Grenzen aufzeigt, aber auch gleichzeitig hilft, diese Grenzen anzugehen, sie vielleicht zu überwinden. Aber auch dann, wenn ich an meine Grenzen stoße und nicht weiter komme, ist das eine gute Erfahrung. Das akzeptiere ich dann auch – auch mentale Grenzen. Das habe ich schon beim Leistungs- und Mannschaftssport in der Kindheit gelernt. Auch das Verlieren-Können ist wichtig – selbst wenn es manchmal schwer fällt.

Turne bis zur Urne

Auch die *Bewegung im Wasser* kann mir ein Glücksgefühl verschaffen. Ich empfehle Schwimmen nicht nur meinen Patienten – ich selber habe große Lust daran. Ich habe schon mit vier Jahren das Wasser genossen und bin mit meinen Kindern in ihrem dritten Lebensmonat schwimmen und tauchen gegangen. Tatsächlich lernten sie früher tauchen als krabbeln. Und mein Motto „Turne bis zur Urne" bezieht diesen ersten Lebensabschnitt genauso mit ein wie das Kniebeugen oder Tanzen im hohen Lebensalter. Auch hier ist es wieder die Leichtigkeit, die zur Bewegung und zur Anstrengung dazugehört. Wasser ist ein leichtes Element. Ich habe schon früh angefangen zu schnorcheln und bin vor kurzem zum ersten Mal richtig mit einer Sauerstoffflasche getaucht. Man erlebt dabei die Leichtigkeit des Seins und des Schwebens unter Wasser noch einmal ganz anders als beim Schwimmen selbst. Wir wissen, dass krebskranke Menschen sich im Wasser auf einmal befreit und gut fühlen: Dass die meisten Menschen das Wasser lieben, hängt möglicherweise damit zusammen, dass wir uns in diesem Element zurückerinnert fühlen an das Wasser im Mutterleib und daran, dass die Menschheit entwicklungsgeschichtlich ja aus dem Ursee kommt. Wir entsteigen sozusagen alle dem Wasser und haben diese Urerinnerung an einen uns gemeinsamen Raum des Lebens und des Lebendigen als emotionale Qualität noch in uns. Es könnte durchaus sein, dass sie in unseren Genen niedergelegt ist. Schwimmen hat mit rhythmischer, auch mit symmetrischer Bewegung zu tun. Die Muskulatur wird gelockert und gleichzeitig gestärkt. Patienten mit verkrümmter Wirbelsäule können durch Kraulen dem Muskelschwund, der durch die Skoliose entsteht, entgegenarbeiten, neue Kraft gewinnen und Schmerzen verringern. Im Auftrieb des Wassers ist der Druck von oben, vom Kopf abwärts auf die Wirbelsäule, stark minimiert, der Patient kann sich befreit bewegen, ganz anders als beim Stehen.

Im Rhythmus sein – in Schwingung kommen

Auch *Singen* ist Lebenslust pur. Singen ist etwas Aktives. Es kräftigt die Lunge. Mehr noch: es macht glücklich. Man schwingt mit den Tönen mit, und das entspannt. Singen macht den Kopf klar und, wenn man gemeinsam singt, verbindet in der Tiefe der Seele. Das habe ich im Chor immer erlebt. Ob wir nun in kleinem Rahmen Choräle oder in großem Rahmen die Matthäus-Passion oder die Carmina Burana vorgetragen haben, stets hatte ich den Eindruck: Wenn man singend gemeinsam schwingt, dann löst sich alles auf, man wird ein Teil des Ganzen und besteht in der Harmonie des Zusammenklangs auf einmal nur aus erfüllter Glückseligkeit. Im Singen verbindet sich manchmal alles mit allem, und man scheint eins zu werden. Eine himmlische Erfahrung. Singen hat zudem sehr positive gesundheitliche Folgen. Es gibt aus der Neuropsychoimmunologie Hinweise dafür, dass durch ein emotionales Glücksgefühl weiße Blutkörperchen und Abwehrkaskaden aktiviert werden können, was aber nach wie vor wissenschaftlich nicht endgültig bewiesen ist. In diesem Sinne könnte es sehr hilfreich sein, mit schwer kranken Menschen zu singen, ihnen vorzusingen oder sie schöne Musik hören zu lassen. Und vor allem auch die Forschung diesbezüglich weiter zu intensivieren.

Musiktherapie ist Heilkunst – auch wenn das noch viel zu wenig akzeptiert ist. Man sollte sie in bestimmten Phasen eines Lebens oder in bestimmten emotional ausgeprägten Situationen gezielt einsetzen, beispielsweise bei Kindern in depressiven, melancholischen oder hyperaktiven Phasen. Man kann den Menschen mit bestimmten Musikstilen, Rhythmen und Arten musikalischen Ausdrucks wieder Kraft geben oder sie gar beseelen. Man kann sie, bei Überaktivität oder Schmerzen, beruhigen, besänftigen oder ihnen Kraft spenden. Musik trifft direkt ins Herz oder in die Seele, geht auf direktem Wege durch den gesamten Körper, versetzt Magen und Muskeln in Schwingung. Das merken wir spätestens, wenn wir vor Lautsprechern stehen und die Bässe den Körper erzittern lassen, so wie es auch bei großen Trommeln oder Gongs der Fall ist. Und wer schon einmal ein japanisches Trommelkonzert gehört hat, wird es bestätigen: Urgewaltige Körpergefühle dieser Art kann man sonst kaum genießen. Es geht durch Mark und Bein, nicht nur über den Rhythmus, sondern wegen der Vielfältigkeit der musikalischen Nuancierung. Bei mir jedenfalls hat sich ein Gefühl der Unendlichkeit eingestellt, als ich vor vielen Jahren in Japan erstmals zu einem solchen Orchesterkonzert eingeladen wurde.

Wenn man also bedenkt, dass Musik direkt durch die Haut in den Körper eindringt, unsere Seele berührt und sie in positive Schwingung versetzt, dann liegt es doch eigentlich nahe, Musik zur Therapie einzusetzen und unsere medizinische Forschung und Praxis diesbezüglich zu ändern.

Vor einiger Zeit war ich zu einem Vortrag ins Institut für Medizinische Psychologie der Universität Heidelberg eingeladen worden. Ich hatte vor der Veranstaltung noch ein wenig Zeit, so dass mir der Lehrstuhlinhaber, Professor Rolf Verres, sein Institut zeigen konnte. Ich war beeindruckt von der Atmosphäre, die besonders durch seine Sammlung unzähliger Musikinstrumente, Trommeln und Kunstgegenstände aus aller Herren Länder geprägt wurde. Ein Gefühl der Leichtigkeit machte sich in mir breit, und mir kam es so vor, als ob das gesamte Institut unter Schwingung stünde. Diese Verzauberung führte mich auch in eins der Musikzimmer, in dem eine – so schien es mir wenigstens – überdimensionierte Gitarre stand: ein Klangkörper, so groß wie ein Bett mit vielen Saiten an der Unterseite der Liege. Professor Verres ermunterte mich dazu, mich auf dieses Instrument zu legen. Als ich dies tat, fühlte ich mich wie auf der Rückseite einer Gitarre, wohlige Klänge durchströmten meinen Körper, ich hatte das Gefühl des Einswerdens mit Klang und Raum. Währenddessen saß Rolf Verres auf dem Boden und zupfte die Saiten dieses Mensch-Klangkörper-Instruments. Mir kam es vor, als wären die Saiten an mir befestigt. Alle 32 Saiten waren gleichgestimmt. Das unterschiedlich starke und zeitversetzte Berühren im Verres'schen Rhythmus erzeugte diese tief inspirierenden sphärischen Klänge. Alte Kulturen haben Klangelemente schon immer in verschiedene Therapieformen einbezogen. Heute geht es darum, von diesem Wissen zu lernen.

Einfach nur tanzen

Tanzen lockert und löst und ist auf ähnliche Weise mit der Medizin verbunden wie Musik. Die therapeutische Wirkung ist vergleichbar. In diesem Zusammenhang muss ich an den amerikanischen dokumentarischen Tanzfilm „Mad Hot Ballroom" denken. Ein sensationeller Film, der zeigt, wie sich pubertierende Kinder vieler Nationen an sozialen Brennpunkten New Yorks nahe kommen, kulturelle Barrieren überwinden und zu schulischen bzw. sportlichen Hochleistungen animiert werden. Erzählt wird von einem Schulwettbewerb von hunderten von Schulen Anfang unseres Jahrhunderts, an dem Jungen und Mädchen von unterschiedlichen Schulen in unterschiedlichen Klassen teilnehmen. Keiner konnte vorher tanzen. Sportlich durchtrainierte und völlig unsportliche, dicke und dünne, große und zu klein geratene Kinder machen mit. Lehrer und Tanzlehrer versuchen mit unterschiedlichen Lehrmethoden die Kinder vom Tanz, vom Lernen, von Toleranz und Respekt und vom Miteinander zu begeistern. Und es gelingt! Mitten in der Pubertät. Ein leidenschaftlicher, ein fröhlicher und Mut machender Film mit viel Witz und Ironie. Wirklich märchenhaft, wenn es nicht so real wäre.

Tanzen ist deswegen so schön, weil es im Rhythmus mit der Musik geschieht und Musik ein unglaublich verbindendes Element ist, zudem ein Stimulus, der hilft, sich emotional wie auch körperlich zu entspannen. Musik berührt die Seele und löst mentale Spannungen. Wenn man dann noch gleichzeitig mit dem Lösen in die Bewegung kommt bzw. über die Rhythmen und die Melodie dazu angesprochen wird, sich zu bewegen, dann lockert sich auf einmal spontan die gesamte Muskulatur. Die Bewegung des Tanzens ist auch gleichzeitig jene Bewegung, die man beispielsweise braucht, um die kleinen blockierten Gelenke freizumachen, damit die Bandscheibe die Möglichkeit hat, im Hin und Her der Bewegung zurückzurutschen. Tanzen kann heilen. Und so sollte auch Tanztherapie Teil einer zukünftigen Medizin sein. Derzeit ist Tanzen kein approbiertes Element in der Medizin. Dass das von den meisten Ärzten, Therapeuten und auch Politikern im Grunde gar nicht wahrgenommen wird, hängt nicht nur damit zusammen, dass Tanzen und Singen als zweckfreie Genussaktivitäten unter Verdacht stehen, sondern auch damit, dass Musik im Alltag immer mehr zur Beschallung und zur Verkaufsanimation pervertiert. Sie wird immer mehr vermarktet und immer weniger als Möglichkeit der Kontemplation, als Form des gemeinsamen, kulturellen Erlebens oder des vitalen Lebensausdrucks wahrgenommen. Aber gerade in ihrer zweckfreien Eigenwertigkeit wäre sie für uns viel wichtiger und verstärkt zu nutzen. Wenn wir ständig beschallt werden, sehnen wir uns nach Ruhe, und Musik kann zur bewussten oder unbewussten Belästigung degenerieren.

Zum Genuss gehört die Zweckfreiheit. Gerade das Zweckfreie ist in unserer verzweckten Zeit das Gesunde. Deswegen gebe ich auch meinen Patienten gelegentlich den Rat: „Gehen Sie doch einfach mal weg, gehen Sie mal Tanzen, da fühlen Sie sich wohl und vergessen darüber hinaus vielleicht Ihren Schmerz." Das sage ich ohne weitere therapeutische Erklärung, denn ihrer bedarf es an dieser Stelle nicht: einfach mal weg gehen, einfach mal tanzen gehen ist zweckfrei. Was zweckfrei gelebt wird, erfüllt keinen *Zweck,* sondern einen *Sinn.* Den Sinn, Spaß an der Freude zu haben. Freude ist zwecklos, aber höchst sinn-voll.

Lachen – ein gesunder Hochgenuss

Lachen ist das Zweckfreieste, was man sich vorstellen kann. Es befreit von seelischen Blockaden und eingefahrenen Denkmustern. Lachen ist ein Hochgenuss und gleichzeitig gesund. Genau deshalb gehört es für mich unbedingt in den Zusammenhang der Lebenskunst. Nicht nur, dass es die Produktion der Stresshormone Adrenalin und Cortisol bremst und körpereigene Glückshormone produziert. Wenn ausgiebig gelacht wird, werden bis zu 300 von insgesamt 630 Körpermuskeln trainiert. Viel tiefer noch: Lachen bedeutet, sich freuen zu können und das auch anderen gegenüber zum Ausdruck zu bringen. Der Lachende versteckt sich nicht, sondern trägt seine Lebenslust und Fröhlichkeit nach außen. Lachen ist etwas Aktives, es ist spontan, ehrlich und befreiend: Es bringt einen nach vorne, distanziert von inneren Problemen und überwindet gleichzeitig Grenzen. Und wenn es nicht Ausdruck von Schadenfreude oder Spott ist, verbindet es. Auf diese Weise kann dem Lachen ein Höchstmaß an Solidarität zugesprochen werden. Lachen ist aber nicht nur gemeinschaftsprägend und -fördernd, sondern darüber hinaus auch kulturübergreifend und -verbindend, denn es ist eine Sprache, die überall auf der Welt gesprochen wird. Deshalb kann man gemeinsam mit einem Menschen lachen, obwohl man gar nicht versteht, was er sagt. „Lachkommunikation" hat ja etwas mit Stimmungen zu tun, die sich auch aus Situationen ergeben. Dafür muss ich nicht dieselbe Sprache sprechen. Bricht das Lachen einmal aus, kann man sich gemeinsam freuen, herzhaft miteinander lachen und sich dadurch verbinden. Mit anderssprachigen Menschen kann man ebenso lachen wie mit taubstummen oder schwer hirngeschädigten Menschen. Lachen ist die absolute Leichtigkeit des Seins – und es kann auch in Konflikten schwierige Situationen entspannen oder Dramatisches entschärfen. Es kann in einer schweren Situation dazu führen, dass auf einmal der Knoten gelöst wird, plötzlich und unerwartet. Wir wissen, dass beim Lachen Endorphine, eben diese speziellen Glückshormone, im menschlichen Körper ausgeschüttet werden. Und wir wissen von dem amerikanischen Arzt Patch Adams, der die Lachkultur in den Heilungsprozess integriert, dass Lachen therapeutisch stimulieren kann und Menschen, die schwer krank sind, wieder Kraft und Selbstvertrauen gibt. Wer's nicht glaubt, dem sei der wundervolle Kinohit mit Robin Williams als Patch Adams ans Herz gelegt.

Lachen kann generell Menschen, die leiden und Schmerzen haben, dazu verhelfen, sich zu entspannen, sich zu öffnen, gegenüber der Krankheit, gegenüber dem Arzt, gegenüber dem Leben. Lachen kann aber auch einem Kind, das misshandelt, geschlagen oder sexuell missbraucht worden ist, helfen, Ängste abzubauen und neue Lebensperspektiven zu geben. Und schließlich kann Lachen auch bei geistig oder seelisch behinderten Menschen wahre Wunder wirken und einen psychisch Kranken von seinem pathologischen Zustand befreien – und ihm seinerseits ein Lachen oder ein Lächeln entlocken. Lachen ist gesund: Lachtherapie – darüber sollten wir nachdenken und unser System damit infizieren.

Die Welt als Ganze bejahen

Zum Leben in seiner Intensität gehört beides, Lachen und Weinen. Ja, auch das Weinen. Mir ist einmal ein Satz begegnet, der mich zunächst irritiert hat: „Der Mensch muss Gott für das Schlechte, das ihn trifft, ebenso danken wie für das Gute." Der Satz steht im Babylonischen Talmud. Später dann habe ich ein Gespräch mit der großartigen Dichterin Friederike Mayröcker gelesen. Sie wurde in einem Interview auch nach ihrer Liebe zu dem verstorbenen Dichter Ernst Jandl gefragt. Sie spricht offen über ihren Schmerz, den sie auch sechs Jahre nach dem Tod ihres Mannes immer noch spürt. Aber dann sagt sie einen Satz, der meine Überzeugung bestätigt. „Vielleicht muss man erst den Schmerz kennen lernen, um froh zu sein, dass man glücklich ist."

Man kann also sogar für ein schweres Schicksal und für Erfahrungen dankbar sein, die uns das Leben schwer gemacht haben. Dankbarkeit gehört zur Lebenskunst. In erster Linie ist es die Dankbarkeit dafür, dass wir leben dürfen. Aber dazu gehört auch die Einsicht: Ohne Leiden und ohne Schmerzen ist ein menschliches Leben nicht zu haben. Leid ist eine intensive Erfahrung des eigenen Selbst. Und Spannungen gehören zum Menschsein. Wir sind eine Einheit: Körper, Seele und Geist. Tiefe Erfahrungen machen wir immer in dieser Einheit. Wir spüren es an Leib und Seele, etwa wenn wir uns verlieben. Aber auch, wenn wir einen wichtigen Menschen verlieren. Der Körper trägt uns, ist unsere elementare Erscheinungsform. Was wir nonverbal über den Körper, aber auch, was wir über eine sprachliche Äußerung ausdrücken, alles, was in uns selbst abläuft, was wir erfassen, wahrnehmen und auch anderen zu kommunizieren versuchen, kann dazu dienen, auf eine höhere Ebene zu gelangen.

Wirkliche Freude geht tief. Aber auch die Erfahrung des Leids berührt die Seele in einer tiefen Weise. Auch das scheinbar Negative gehört zur Intensität des Lebens, zur Lebensleidenschaft und Lebensfreude.

Heinrich Schipperges, Arzt und Philosoph aus Heidelberg, hat einmal gesagt: „Um gesund zu sein, muss man der Welt als Ganzes zustimmen." Das ist richtig: Man muss die Welt als Ganzes annehmen. Wir können uns nicht nur die Freuden herauspicken. Widerstände zu akzeptieren und Hindernissen ins Auge zu sehen, ohne immer schon im Vorhinein zu wissen, was alles passieren kann – freilich auch ohne wie die Schlange darauf zu starren – das gehört dazu. Gerade weil man weiß, dass das Leben eben auch Leid gebiert, sollten wir nicht passiv bleiben.

Selbst die Auseinandersetzung mit dem Tod, sei es mit dem eigenen oder mit dem eines geliebten Menschen, kann ungeahnte Kräfte in uns wecken, Kräfte, von denen wir zuvor nichts ahnten, die uns aber nun, da sie wach sind, helfen, über das Leid hinauszuwachsen und neue Lebensfreude und innere Stärke zu gewinnen. Dieser „nächste Schritt" ist in meinem eigenen Leben sehr wichtig geworden. Für mich war es eine harte Erfahrung, als ich meinen Bruder verloren habe oder als mein Vater gestorben ist. Eine momentane Erfahrung, die großes Leid bedeutet hat, ein unendlicher Verlust. Es war das Nicht-verstehen-Können: Der Mensch, mit dem man sich gerade noch unterhalten hat, der einem so viel bedeutet, ist auf einmal nicht mehr da. Doch sie leben weiter, zumindest in mir. Niemand stirbt für immer. Man muss Menschen konsequent helfen, damit sie diese Lektion auch für sich selber lernen können: Trauer und Schmerz gehören zu einem Leben, das nicht banal, oberflächlich und seicht, sondern tief ist. Zugelassene und erfahrene Trauer kann unglaublich hilfreich sein, um die nächste Stufe im Erkenntnisprozess zu erreichen – vorausgesetzt, man geht dies aktiv an. Trauern hilft auch, unser Leben zu verstehen. Heftige Trauer ist ein Zeichen dafür, dass die Seele lebt. Es zeigt, dass diejenigen, die von mir gegangen sind, viel intensiver in mir sein können als jemand, der immer noch um die Ecke wohnt und den ich seit zwanzig Jahren nicht mehr gesehen habe. Das ist für mich eine ganz zentrale Erfahrung. Ich hätte sie nie gemacht, wenn ich nicht durch eine äußerst schmerzliche Zeit gegangen wäre. Die Wahrnehmung eines Menschen, der getrauert hat, ist intensiver und tiefer, weil das Leben durch das Leiden in einer komplexeren Weise erfahren worden ist. Leiden kann sehr tief gehen. Aber Freude, die dieses Leid einschließt, ist noch tiefer, wenn jemand durch dieses Leiden hindurchgegangen ist, es verwandelt und so auf eine andere Stufe gehoben hat.

Ich jedenfalls habe die Trauer als eine Chance für mein Leben erfahren. Und ich weiß heute: Aus schweren Situationen können wir lernen. In der Bewältigung und im Durchleben schwerer Krisen können wir uns auch weiterentwickeln. Wenn wir auf unser eigenes Leben zurückschauen, werden wir merken: Schwierigkeiten, denen wir uns aktiv gestellt und Krisen, die wir bestanden haben, haben uns reifer und stärker gemacht. Und dafür kann man durchaus dankbar sein.

Fischstäbchen schwimmen nicht im Meer

Gerade weil ich die Natur so liebe, leide ich unter ihrer Gefähr-dung. Ich bin betrübt darüber, dass Tiere und Pflanzen häufig ge-nug nicht als Lebewesen wahrgenommen werden. Wir alle sind schon zu sehr abgestumpft. Immer wieder sollten wir uns klar-machen: Wir ko-existieren auch mit den Tieren, die als Mitge-schöpfe Teil unserer einen Welt sind. Diese Mitkreatürlichkeit, unsere Mitexistenz mit allen Lebewesen hört mit den Tieren nicht auf. Es schließt auch den positiven Bezug auf Pflanzen ein, die scheinbar keine Emotionalität haben – doch es gibt Untersu-chungen, die zeigen, dass Pflanzen, denen man sich zuwendet, eine andere Kraft entwickeln als Pflanzen, die diese Empathie nicht bekommen. Auch bei Tieren ist diese verändernde Kraft der Zuwendung erfahrbar. Vielleicht sind sich sogar einige Tie-re ihrer selbst rudimentär bewusst, zum Beispiel Schimpansen, oder werden es in einigen Jahrtausenden oder Jahrmillionen sein. Auch wir Menschen lebten einmal in einem so niedrigen Stadium.

Wir Menschen leben in einem Gefüge wechselseitiger Ab-hängigkeit und Interdependenz. Wenn ökologische Dogmatiker den Wald ausschließlich über empirisch feststellbare Daten, wie Sauerstoff, Kohlenstoff und die Anzahl der Bäume, definieren und nicht auch über das Gefühl, das wir durch den Wald emp-finden, das wir durch die Luft und durch die Anmutung und auch durch das uns verborgene Leben der Insekten, der Pilze, der Säugetiere, der Vögel erfahren – dann entgeht ihnen einfach viel. Zu der lebendigen Wirklichkeit der Natur gehört zum Bei-spiel der Gesang der Nachtigall, der uns verzaubert und uns auf einmal verbinden kann. Wir erleben ja nicht nur das unmittelbar Anrührende dieses Tiers, sondern könnten uns auch am gemein-samen Leben bzw. dem Wunder unserer Existenz freuen.

Einer unserer Freunde ist Nebenerwerbsbauer. Er hat schottische Hochlandrinder, freilaufende Hühner, Gänse und Schweine. Engagierte Bauern, die unter dem Eingesperrtsein ihrer Tiere während der heißen Phase der Vogelgrippehysterie litten, haben mehr als andere mit bürokratischen Vorschriften zu kämpfen. Zusätzlich mussten sie zum Beispiel Überwachung der Bauernhöfe mit Helikoptern aus der Luft, Denunzierungen und andere Beeinträchtigungen erdulden. Es gibt sie, die Bauern, die sich seit Jahren für biologische Ernährung ihrer Tiere, für viel Freiraum und weitgehend naturgemäße Haltung engagieren. Die das mechanische Killen von Schweine- oder Hühnerbabys und Tieren aller Altersgruppen so quält, als wären wir Menschen selbst betroffen. Sie sind ja diejenigen, die mit der Natur leben und wissen, wie leidvoll es ist, zu schlachten, sich von einem liebgewonnenen Tier zu trennen. Die sich auch dafür beim Tier und vor Gott entschuldigen, so, wie es die Ureinwohner Amerikas in vergangenen Zeiten gemacht haben. Das ist auch meine Haltung. Wenn Indianer ein Bison erlegen mussten, um ihre Familie oder den Stamm, die Gemeinschaft, zu ernähren, haben sie sich vor dem großen Manitou verbeugt und sich für die bevorstehende Tötung entschuldigt. Diese Haltung ist es, die wir von diesen Bauern lernen können, wir, die wir doch immer wieder vergessen, dass Steaks nicht vom Metzger kommen und Fischstäbchen nicht im Meer schwimmen, wir, die wir Millionen von Hühnern, abertausende von Schweinen oder Rindern töten.

Die Haltung, das Leben als fabrikmäßiges Produkt zu verstehen, welches unter geldwertem Vorteil und nur unter Kosten-Nutzen-Aspekten be- und verwertet wird, ist falsch.

Ich bin traurig, wenn ich erlebe, wie die Meere abgefischt sind, wie Korallen sterben und möglicherweise nur noch Quallen übrig bleiben: diese „Staubsauger der Meere", jahrmillionenalte Geschöpfe, die schon so viele Eiszeiten und Katastrophen bzw. andere Urgeschöpfe überlebt haben. Möglicherweise überleben sie auch uns Menschen.

Es tut mir weh, wenn ich eine Straße entlang fahre, an der aus Verkehrssicherheitsgründen alle wunderschönen alten Eichen, Buchen und Plantanen abgesägt wurden. Langjährige Lebewesen werden rechtlichen Bestimmungen zuliebe geopfert. Gleichzeitig gehen nicht nur wertvolle Sauerstofflieferanten und Schadstoffverwerter für die Welt verloren, sondern eine in langen Jahrzehnten gewachsene Schönheit, die zu unserem Lebensgefühl gehörten. Es ist unsere Liebe zur Natur und unsere Freude an ihr, die diese Trauer erzeugt – die aber auch den Anstoß dazu geben sollte, zu widerstehen und die Schöpfung neu und intensiver zu entdecken und aktiv zu werden, um sie zu schützen.

Die Botschaft des Schmerzes

Der Körper, unser Gehäuse und unser Zuhause, ermöglicht uns vieles. Er ist mehr als nur ein Transportmittel für Geist und Seele. Wir können dankbar sein, dass er lebt, dankbar sein, dass er fühlt und dass es Sinne gibt, mit denen wir die Welt erfahren, mit denen wir hören, sehen, schmecken, riechen und tasten können. Manchmal meint man ja, dass man sogar mit dem Bauch fühlt und mit dem Herzen spürt. Und zumindest Zärtlichkeit fühlt man über die Haut. Zärtliche Gefühle, die durch Worte und Berührungen ausgedrückt werden. Welch eine Wonne irdischen Lebens!

In all diesem Genuss und in dieser positiven Wahrnehmung liegt auch eine Aufforderung. Das Herzklopfen, das entsteht, wenn wir uns freuen, verlieben oder auch ärgern, spüren wir nicht nur als Flattern in der Brust. Auch das seltsame Bauchgefühl, dass wir haben, wenn uns irgendetwas schwer auf dem Magen liegt oder wenn ein Problem nicht gelöst ist, besteht nicht nur im Körper. Es ist ein Ausdruck der komplexen Vernetzung von Körper und Seele, von Körper und Geist. Es ist ein Impuls zur Verantwortung. Diese Verbindung macht uns auch darauf aufmerksam, dass wir pfleglich mit uns selbst umgehen müssen.

Der Körper ist also wie ein Ampelsystem, das uns sagt: Wenn du das, was in dir ist, was dich mit der geistigen Welt und mit dem Kosmos verbindet, lange aufrecht erhalten willst, dann musst du dich um dich selbst kümmern. Also sei dankbar, dass du einen Körper hast, akzeptiere auch seine Gebrechen, aber kümmere dich auch um sein Wohlergehen.

Es gibt auch einen psychosomatischen Aspekt, der besagt: Finde heraus, was jetzt dein Problem ist. Bei einer Kindersendung im Fernsehen war ich einmal mit einer Gruppe von Schulkindern im Gespräch. Ich habe zu ihnen gesagt: „Wenn ihr Bauchschmerzen habt, dann ja sicherlich auch oft vor einer Mathearbeit." – „Ja." Dann habe ich sie gefragt: „Geht ihr deswegen zum Arzt?" – „Nööö!" Schon Kinder können also herauszufinden, dass der momentane Bauchschmerz von einer bevorstehenden Mathearbeit herrührt, und sie können verstehen, dass dieser Druck, sofern er nicht nachlässt, irgendwann zu einem Magengeschwür führt. Andere drückt es im Rücken, und wenn dadurch lange die Muskulatur angespannt wird, kann dies zu einer Arthrose oder einem Bandscheibenvorfall führen, weil die Spannung nicht gelöst wird. Der Schmerz vermittelt uns eine Botschaft und ist insofern hilfreich: Er sagt uns, was uns hilft – wenn wir ihm denn zuhören. Tun wir dies, kann Leiden zur Erkenntnis führen. Dafür können wir dankbar sein. Also: nicht verzagen, sondern bewusst handeln.

Krankheit nutzt auch der Seele

Der Dichter Jean Paul hat einmal gesagt, Krankheit nutze nicht nur dem Arzt, sondern auch der Seele. Dieser Nutzen kann darin liegen, dass mir Krankheit etwas Wichtiges sagt. Bei mir hat eine Krankheit in den Phasen, in denen ich mich selbst überfordert hatte, dazu geführt, wieder Ruhe zu finden und Kraft zu tanken. Krankheit kann also eine sinnvolle Botschaft für mich sein. Sie kann mir zu verstehen geben: Innehalten in der Geschwindigkeit und Hektik des täglichen Lebens ist heilsam. Wir sollten wieder lernen, auf diese Signale zu hören, sie zu entschlüsseln. Schon die Kinder sollten lernen, bei jeder größeren Verspannung oder selbst bei einer Infektion darüber nachzudenken: Hast du dich richtig verhalten, hast du bestimmte Dinge übersehen im Empfinden oder im Verhalten, bei deiner Ernährung oder dadurch, dass du zu wenig geschlafen hast?

Krankheit kann uns auch als Schicksal treffen, das wir zu tragen, dem wir uns zu stellen haben. Wenn es allerdings Theorien gibt, welche die Bedeutung von Krankheit überhöhen und meinen, dass etwa Brustkrebs von mangelnder Liebe herrühre oder mit dem unerfüllten Bedürfnis nach mehr Liebe zu tun habe und wenn ähnliche Theorien für das Prostatakarzinom aufgestellt und unter der Hand Schuldvermutungen angestellt werden, dann ist das hochgefährlich, weil solche Zuweisungen den Menschen in eine ganz falsche Richtung führen. Manche sprechen vom Krankheitsnutzen; ich spreche lieber von einer Ampelfunktion. Krankheit ist eine Aufforderung, mir über meine Art zu leben Gedanken zu machen. Sie stellt an mich die Fragen: Verrennst du dich jetzt nicht in deinem Tagtäglichen, nimmst du dir nicht genügend Zeit für dich selbst? Sie ist ein Haltepunkt und ein Signal im Sinne von Rot-Gelb-Grün, das mir vermittelt: Achte darauf, was du da gerade gemacht hast, ob du deine Grenzen nicht überschritten hast. Natürlich liegen die Grenzen bei jedem woanders. Und man muss nicht erst krank werden, um seine Grenzen zu erkennen. Doch oft ist es so: Wenn man überfordert ist, dann bekommt man eher eine Grippe, als in einer Phase, in der man ausgeschlafen ist.

Es gibt aber natürlich Belastungen, denen man nicht standhalten kann, auch wenn man körperlich noch so fit ist. Nehmen wir die Pest, AIDS oder Cholera oder die radioaktive Bestrahlung nach Tschernobyl, den Dioxinunfall von Seveso oder die Contergan-Affäre als Extrembeispiele. Wichtig ist aber generell, das Bewusstsein dafür zu schärfen: Bestimmte gesundheitsschädliche Dinge sollte man eben nicht tun bzw. bewusst einschränken oder vermeiden. In den Phasen, in denen ich nicht überlastet bin, bringe ich die Zeit und Achtsamkeit auf, in mich selbst hinein zu horchen, an mich selbst zu denken. In diesen Phasen gehe ich auch anders schlafen, gehe ich anders mit Genuss um, ich genieße das Leben bewusster, ernähre mich anders als in Stressphasen, habe Freude im Genuss der Gemeinschaft. Anders als in Phasen, wo es Schlag auf Schlag geht, und ich keine Zeit habe.

Wenn es einem Kranken gelingt, seine Situation unter einer anderen Perspektive zu sehen, kann er tatsächlich vielleicht irgendwann sogar etwas wie Dankbarkeit dafür empfinden. Eine Frau, die mit fünfzig an Krebs erkrankte und der die Brust amputiert werden musste, fing nach dieser schlimmen Erfahrung an, bewusster zu leben: „Mit dem Krebs wurde mir klar, wie kostbar jeder Atemzug, jeder Gedanke ist. Erst da begriff ich, dass vieles im gegenwärtigen Augenblick liegt." Der Krebs hatte ihr verdeutlicht, dass es in ihrer Verantwortung liegt, ob sie vor ihrem Tod – der für jeden Menschen früher oder später einmal kommen wird – noch anders lebt und das verbleibende Leben mit echter Lebensfreude genießt. Es geht also um diese Bewusstheit und um die Achtsamkeit für Elemente in unserem Leben, die uns über den Weg des Leidens zur Erkenntnis führen. Es geht auch darum, Leiden bis zu einem bestimmten Maß zu akzeptieren und aushalten zu können.

„Davon stirbt man nicht"

Ich hätte auch behindert zur Welt kommen können, mit einem Klumpfuß zum Beispiel. Oder ich hätte, wie mein Vater im Zweiten Weltkrieg, einen Arm verlieren können und damit zurechtkommen müssen. Es wäre mir möglicherweise ergangen wie meinem Vater, der sich mit seiner körperlichen Beeinträchtigung arrangierte und eine gigantische Lebensfreude und Fröhlichkeit an den Tag legte. Als Kinder haben wir nicht einmal gemerkt, dass er nur einen linken Arm hatte. Und was den rechten Arm anging: der hatte eigentlich etwas Witziges an sich. Ich erinnere mich, dass wir immer herausfinden wollten, wie sich der Stummel anfühlte, an dem er so gerne rieb. Weil mein Vater so unkompliziert mit seiner „Behinderung" umgegangen ist, taten auch wir das. „Behinderung": Ein recht unsensibles Wort der deutschen Sprache: Das englische „disabled" oder „handicapped", „funktionseingeschränkt", wäre eine bessere Vokabel. Sie würde den vollwertigen Menschen nicht schon durch eine Begrifflichkeit auf ein umfassendes Behindertsein reduzieren. Mein Vater hat uns durch sein Leben und seine Art gezeigt: Es ist möglich, das Leid in Glück umzuwandeln. Leiden behindert nicht unbedingt die Lebensfreude.

Der Begriff „Behinderung" sollte aus dem deutschen medizinischen Sprachschatz gelöscht werden. Es ist eines der Unworte des letzten Jahrhunderts. In den meisten Fällen kann es durch „körperliche bzw. geistige Funktionseinschränkung" oder „Handicap" ersetzt werden. Oder bin ich kein vollwertiger Mensch, weil ich humple oder vergesslich werde?

Ein Mensch, der mir das zeigt und der mich fasziniert, seit ich ihn kürzlich persönlich kennen lernte, ist der südafrikanische Golfprofi und Golflehrer Anthony Netto. Er hat 1995 nach einem unverschuldeten Autounfall eine Genickfraktur erlitten und ist seither an den Rollstuhl gefesselt. Er brachte zahlreiche Operationen und Krankenhausaufenthalte hinter sich. Seine Devise: „Davon stirbt man nicht." Heute spielt er wieder Golf in einem Spezialrollstuhl, besser gesagt: in einem Rollauto, das er selbst entwickelt hat. Ein kleines Gefährt, das kinderleicht mit einem Joystick gelenkt werden kann und jemanden, dessen Steh- oder Bewegungsfähigkeit der Beine eingeschränkt ist, automatisch zum Stehen und Fortbewegen bringt. Aus meiner Sicht auch eine ideale Hilfe für alte Menschen mit einengenden Problemen des Rückenmarkskanals, der Spinalstenose. Man kann, wie gesagt, mit diesem Fahrzeug sogar Golf spielen, da die untere Extremität sicher festgezurrt wird. Antony Netto ist heute Bundestrainer der deutschen Behindertengolfer, arbeitet mit kranken und behinderten Kindern und verhilft ihnen zu neuer Lebensfreude, zu Spaß und neuem *Lebensmut* – alles Haltungen, die er selber ausstrahlt.

Ausdauer und Erfolg

Leidenschaft und Ausdauer gehören zusammen. Die Bereitschaft, sich anzustrengen, „dran zu bleiben", nicht beim ersten Widerstand gleich aufzugeben, wird von Psychologen als eine wichtige Erfolgsformel beschrieben. „Ich habe immer versucht, alles aus mir rauszuholen, ans Limit zu gehen." Jürgen Klinsmann hat uns durch seine fröhliche und unkonventionelle Art alle begeistert. Er war seiner eigenen Aussage nach nicht der genial talentierte Spieler. Aber er brachte es zu etwas, weil er „am Ball blieb", sich anstrengte. Er erzählt, dass er schon von seinem Vater dazu angehalten wurde. Klinsmann ist immerhin ein Vorbild für uns und unsere Kinder. Selbstverständliches Modell für alltägliches Verhalten ist er in seinem unbedingten Leistungswillen wohl nicht gerade. Nicht nur Lehrer machen immer häufiger die Feststellung: Kinder strengen sich heute meist gar nicht mehr an. Sie lernen nicht mehr, dass sich die Mühe lohnt, wenn sie an einer Sache bleiben, wenn sie hartnäckig und ausdauernd sind. Damit verlieren wir aber auch wichtige Qualitäten im Sinne der Differenzierung der Berufe oder im Sinne von Differenziertheiten im Erkenntnisprozess, Qualitäten im reflektorischen Denken und in Interaktionen: Es besteht die Gefahr, dass unsere Kinder Fähigkeiten zur Erfassung des Gesamten verlieren. Es ist natürlich auch ein Reflex der Kinder, wenn sie aufgeben, weil sie sich überfordert fühlen. Weil so viel auf sie einstürzt, schalten sie einfach ab. Ich spreche lieber von Anstrengung und nicht von Leistung. PISA ist ein Signal geworden, möglicherweise das falsche. Wenn die Abfrage von Wissen und Leistungsfähigkeit der

Wissenskapazität die einzige Möglichkeit zur Erfassung der inhaltlichen Qualität unserer Kinder bleibt, sind wir in der falschen Ecke. Nach dem Grad der Reflexion, nach der Fähigkeit zur Interaktion, nach kritischem und sozialem Verständnis, nach Kreativität und Plastizität des Gehirns müsste ebenfalls gefragt werden – alles Aspekte, die viel wichtiger sind als reine Wissensansammlung.

Es liegt an uns, ob unsere Kinder mit Freude und Begeisterung lernen – in den Familien, in der Schule oder während der Lehre. Schuldzuweisungen an die Kinder, sie seien unmotiviert, nervös, unkonzentriert, nicht leistungsbereit, halte ich nicht für richtig. Sie führen uns Erwachsenen vielmehr unsere eigene Unfähigkeit vor Augen.

Leidensdruck – Anstoß für aktive Veränderung

Natürlich müssen wir Leiden mindern und Leiden vermeiden helfen, wo immer es in unserer Macht steht. Und natürlich brauchen der Mensch in Not und der Leidende unsere umfassende und uneigennützige Solidarität, unsere Hilfe, unser Mitleid. Aber es gibt auch einen positiven Leidensdruck, der dem Leidenden selber Anstoß für aktive Veränderung sein kann.

Wir brauchen also auch im gesellschaftlichen Zusammenhang Perspektiven, aus denen heraus ein neuer Druck entsteht, der vielleicht zunächst schmerzt, aber im nächsten Moment eine Weiterentwicklung durch Handeln nach sich ziehen kann. Nehmen wir als Beispiel die Sozialpolitik: Wir versuchen doch gar nicht, die Menschen, die arbeitslos sind, dazu zu motivieren, auch andere Dinge aktiv anzugehen, sie mit neuen Möglichkeiten der Freude oder des Erfreuens zu konfrontieren. Stattdessen stigmatisieren wir sie und tun so, als seien alle Arbeitslose nur „Sozialschneider". Es gibt sehr viele junge arbeitslose Menschen, die gerne etwas tun würden. Ungeachtet der anfänglichen

Höhe des Lohns, ginge es ihnen vor allem darum, überhaupt aktiv zu werden. Sehnsüchtig nach Gemeinschaft und nach menschlicher Anerkennung hängt vielen das Rumhängen oder Saufen ja selbst zum Halse raus. Solche Menschen sind weder Schmarotzer noch Faulpelze. Ich habe mich mit vielen jugendlichen und auch alten Arbeitslosen unterhalten. Die wollen etwas machen, sagen aber: „Wir kriegen nichts." Auch in solchen Situationen geht es darum, Motivationen zu schaffen, die dazu führen, dass ich meine Haltung ändere und aktiv und kreativ werde.

Provozierend gesagt: Ein Sozialstaat, der sich nur auf das Absichern versteht, kann vermutlich auf Dauer schlecht funktionieren. Der Staat hat viel falsch gemacht, wenn er „eine Mentalität des Bettelns" erzeugt. Selbstverständlich muss die Solidargemeinschaft die sozial Schwachen abfangen und Perspektiven entwickeln.

Geld allein löst Probleme nicht wirklich

Probleme mit Geld lösen zu wollen, ist symptomatisch für unsere Gesellschaft. Die jetzige Situation der dramatisch leeren Kassen hat vielleicht insofern etwas Positives, als dass wir zur Kreativität gezwungen werden. Auch zur sozialen Kreativität. Es gibt im Moment große soziale Spannungen, weil das Geld nicht mehr breit verteilt wird. Wir müssen uns Menschen zum Handeln anregen. Wer nicht ins Handeln kommt, wer nicht lernt, sich anzustrengen, wird sich nicht ändern. Wenn ich nur umverteile, entsteht wenig neues Bewusstsein und auch keine neue Ebene der Einsicht. Wir haben uns alle eine Verwaltungsmentalität angezüchtet, an der wir selber nicht ganz unschuldig sind.

Zwar haben wir weniger Geld im Sozialsystem. Aber wir haben genügend Geld in der Gesellschaft. Die Begeisterung, die bei der Fußballweltmeisterschaft so spürbar war, könnte weiterwirken und eine Aufbruchstimmung gerade auch für neue

Arbeitsplätze erzeugen. „Weiter so und ran" habe ich im Ruhrgebiet gelernt. Machen wir das scheinbar Nichtmögliche möglich. Jetzt! Wir hatten einmal Vollbeschäftigung! Arbeit für alle wäre mein Ziel.

Wir brauchen postmaterielle Werte. Alle Prognosen zeigen: Es werden immer mehr Leute arbeitslos werden. Das ist durch Automatisierungsprozesse bedingt und wird vor allem auch schon in den Dienstleistungsbereichen sichtbar, wo Arbeitsplätze durch Automaten ersetzt werden. Wenn ich früher Geld brauchte, bin ich zum Serviceschalter meiner Bank gegangen, wo ein Bankangestellter den gewünschten Betrag abgezählt und mit einem freundlichen Lächeln an mich herausgegeben hat. Heute spuckt ein Automat das Geld aus. Der freundliche Schalterbeamte bringt unter ökonomischem Aspekt keinen Mehrwert. Eine Bank könnte und sollte ihn eigentlich unter sozialen Gesichtspunkten weiterbeschäftigen. Und so gesehen ergibt es natürlich auch Sinn, möglichst viele nicht so hoch bezahlte Arbeitskräfte einzustellen. Und es ist selbstverständlich schöner, als mit dem Automaten zu kommunizieren. Aber das ist realistisch gesehen nicht die Zukunft. Und wenn ich über einen Automatisierungsprozess im Rahmen von Schweißarbeiten an Autos nachdenke und sage: Wenn ich auf eine Automatisierung verzichte und mehr Menschen wieder in Arbeit bringe, ist das unter sozialen Aspekten bedenkenswert. Trotzdem hat maschinelle Fertigung den Vorzug, präziser, exakter zu sein. Sie wird daher in vielen Bereichen weiter zunehmen.

Wir müssen uns jetzt nur fragen: Liegt darin nicht möglicherweise auch eine Chance für die Gesellschaft? Wie kann man mit diesen Freiräumen umgehen? Wie können wir die Zeit, die da frei geworden ist, sinnvoll gestalten? Wir könnten doch endlich anfangen, im kulturellen, im sozialen, im psychosozialen Bereich ganz neue Inhalte zu schaffen oder alte Inhalte neu zu gestalten. Man müsste sie neu anbieten und weiterentwickeln. Dann würden wir begreifen: Leben ist nicht mit Geld aufzuwiegen und der Wert eines Lebens nicht berechenbar.

Und wir sollten uns um die Freizeit der Menschen Gedanken machen, nicht nur um die Arbeitsprozesse. Über all das nachdenken, was nachmittags um zwei, drei, vier, fünf, sechs, sieben, acht Uhr anfängt oder bei denen, die den ganzen Tag nicht mehr arbeiten, den ganzen Tag andauert. Diese für immer mehr Menschen neu enstehenden Zeiträume warten auf Inhalte. Das, was da passiert, muss Raum für Freude und für die tiefere Dimension des Lebensgenusses schaffen. Geld allein löst diese Probleme nicht. Erst wenn wir einen anderen Blick für den Menschen bekommen, werden wir auch die Probleme richtig angehen können.

Inhalt vor Geld

Das ist eins meiner Prinzipien. Ideen und Kreativität beginnen im Kopf und sind zunächst wertfrei, auch im ökonomischen Sinne. Der Denkprozess, die Auseinandersetzung mit einer Idee, die Bewertung und Einordnung ist ein geldfreier Zustand, der selbst im Schlaf stattfindet, sehr viel Freude bereitet und im buchstäblichsten Sinne Lebensenergie erzeugt.

Die Wirtschaftsschwäche Deutschlands ist auch nicht primär Folge steigender Lohnnebenkosten, wie der Autokonzern Porsche es beispielhaft zeigt, sondern fehlende Begeisterung und Leidenschaft, Verwaltungsmentalität und ausufernde Bürokratie. Gleichzeitig fehlt mir aber auch die Risikobereitschaft von vermögenden Menschen. Privates Geld wird kaum investiert, zum Beispiel in Forschung und Entwicklung, und der Staat selbst schafft zu wenig Anreize für Vermögende. Investition in Geist und Innovation könnte Berge versetzen –, zum Beispiel durch deutliche Steuererleichterung für privat investiertes Geld in Arbeitsplätze in Wissenschaft und Innovation oder Forschung und Entwicklung in Medizin, Technik, Naturwissenschaft sowie auch in geisteswissenschaftliche und kulturelle Ansätze. Letztere werden meistens vergessen.

Es ist mehr als zweihundert Jahre her, dass Johann Wolfgang von Goethe gesagt hat: „Was nützt mir der ganzen Erde Geld, kein kranker Mensch genießt die Welt." Es scheint, als hätte er vorausgesehen, dass wir uns immer mehr in eine Welt hinein bewegen, die andere Maßstäbe kennt und in der hinter den Mauern der Ökonomie wesentliche Fragen der Humanität nicht mehr vorkommen. Diese andere Welt droht uns jetzt: Eine Welt, die den kranken, den alten, den schwachen, einsamen oder arbeitslosen Menschen als Menschen vergisst. Eine Welt, die uns droht, wenn wir nicht aufwachen und unsere Verantwortung dafür übernehmen, dass unsere Welt menschlich bleibt.

Der Indianerhäuptling Seattle hat prophezeit, dass der weiße Mann – und das betrifft uns alle – eines Tages feststellen wird, dass man Geld nicht essen kann. Er hatte Recht. Goethe ebenso. Ihre Botschaft, dass Geld nicht alles ist, bedeutet: Die Kunst des Lebens besteht nicht in ökonomischer Effizienz. Aber Geld hilft, um inhaltlich und sozial gestalten zu können.

Wer sich nicht freuen kann, wer nicht genießt, wird irgendwann chronisch ungenießbar!

Vierte Haltung

Werde wie ein Kind –
lerne bewusst den Anfängergeist

„Leidenschaft und Begeisterung versetzen Berge"

Eine tolle Zeit

Es klingt mir noch wie gestern in den Ohren: „Didi … hau endlich die Pille ins Tor" – „Herbert, los, Mann, rechts antäuschen
und links vorbei, mach schon!" – „Willy, schlaf doch nicht ein,
pass hinten auf!"

Ich höre meinen Vater, wie er uns mit seinem „appen" Arm –
so nannten wir Kinder seinen rechten muskulösen Armstummel,
der als Mahnmal des Krieges übrig geblieben war – liebevoll,
aber kräftig am Strand während der unzähligen Fußballspiele zur
Seite drückte. Er heizte uns Kinder richtig an. War er doch Zeit
seines Lebens selbst Fußballfanatiker und langjährig leidenschaftlicher Coach, Spieler und Mannschaftsführer einer Univer-
sitätsmannschaft. Ich erinnere mich genau daran, wie ich als kleiner Dötz aufs Spielfeld wackelt kam. Ich konnte kaum laufen
und wollte wohl schon mitspielen. Das war in Clausthal, kurz
bevor wir ins Ruhrgebiet umgezogen sind.

Wahrscheinlich sind wir Brüder sogar mit einem Ball zur
Welt gekommen!? Wie andere Kinder auch. Den Ball mit Füßen,
Händen, Körper oder Kopf berühren, jonglieren – nach vorne,
nach hinten passen – dribbeln, Fallrückzieher – sich strecken,
grätschen – bei Sonne oder Regen; im Matsch oder auf Hallen-
boden. Fußball, Handball, Basketball, Volleyball, Tennis. Egal.
Hauptsache, ein Ball war im Spiel! Doch die meiste Zeit unserer Kindheit und Jugend verbrachten wir mit Fußball. Meistens
auf der Straße in Bochum mit Nachbarskindern und Freunden,
später in der Schulmannschaft und in Vereinen. Häufig in den
Ferien auch am Strand in Holland. Immer wieder mit unserem
Vater und auch den Vätern unserer Freunde. Von klein an bis zur
Pubertät. Unvergessliche Momente der Freude und Leidenschaft.
Doch auch Tränen flossen nach verlorenem Spiel. Das gehörte
dazu – wir lernten fürs Leben. Doch das war uns damals noch
nicht klar.

Auch das begeisterte Spielen mit Kindern anderer Nationen ohne irgendwelche Verständigungsprobleme gehörte dazu. „Wozu reden? Spielen und sich freuen", das war unsere Devise. Ob mit holländischen Kindern in den Ferien oder den Kindern polnischer, italienischer oder griechischer Gastarbeiter oder der Kumpel im Ruhrgebiet. Fußball war und ist einfach ein unendlich tiefes und wunderbares Lebensgefühl. Leidenschaft und elementares Erleben pur! Es verbindet unglaublich und gibt Kraft, um sich für internationale Geschwisterlichkeit zu engagieren. Zumindest habe ich das zu Hause und auf der Straße im Ruhrgebiet gelernt. Noch immer bin ich sehr sportbegeistert, sowohl aktiv als auch passiv, auf dem Fußballplatz und vor dem Fernseher.

Gekickt wurde anfangs mit allem, was rollte. Und gekickt wurde überall und zu jeder Zeit. Ausgepumpt, aber glücklich trotteten wir dann fachsimpelnd heimwärts mit mächtigem Appetit, schliefen danach den tiefen Schlaf des Sturmtanks oder Abwehrrecken und träumten von Bananenflanken und Dropkicks. Selige Zeiten, in denen – um einen kleinen Ausflug ins Soziomedizinische zu machen – die Grundlage für unsere physische Widerstandsfähigkeit gelegt, die Feinmotorik geschult, soziale Kompetenz entwickelt und Toleranz eingeübt wurde. Wir lernten fürs Leben *Siegen und Verlieren*, wir übten das Miteinander mit Freunden wie Fremden, und wir gewannen bei allem eigenen Ehrgeiz einen Blick für die Leistungen anderer.

Weltweit gesehen ist die allgemeine Begeisterung für den Fußball nach der Fußballweltmeisterschaft noch gewachsen. Aber sie spielt sich mehr und mehr vor dem Fernseher ab. Eine zunehmend bewegungslose virtuelle Welt. Geschwunden ist das aktive Mittun, das spontane Zusammenfinden zum gemeinsamen Spiel, die Dauer der Bewegung an frischer Luft. Geschwunden nämlich sind auch die Spielflächen in der Autogesellschaft, das pulsierende nachbarschaftliche Leben in den Innenstädten, die Zahl der potentiellen Mitspieler. Es mangelt an Kindern und Geschwistern. Das wird dadurch verschärft, dass viele nun lieber vor dem Computer, der Playstation oder der Dauerflimmerkiste sitzen und dort sogar per Joystick – im Sitzen – Fußball spielen. Die Eltern sind oft überfordert und greifen nicht ein. Doch körperliche, geistige und emotionale sowie auch soziale Defizite sind häufig die Folge.

Die wunderbare Zeit in meiner Kindheit und Jugend, die ich mit meinen Brüdern verbracht habe, behalte ich als intensiv und schön in Erinnerung.

Meine eigene Erfahrung: Kindheit ist Leben pur.

Neurotische Kinder, hilflose Erwachsene

Natürlich gibt es auch gesellschaftlich geprägte Voraussetzungen und Bedingungen, in denen die Kinder sich bewegen müssen und in die wir sie einführen, indem wir sie erziehen. Die Kinder leben zu lassen, Achtsamkeit für ihre Bedürfnisse zu entwickeln, ist aber das Wichtigste. Nicht immer gelingt es, wie der folgende kleine Dialog zeigt:

Ein kleines Mädchen ist mit seiner Mutter am Strand.

„Mami, darf ich im Sand spielen?"

„Nein Liebling, da machst du dir nur dein hübsches Kleid schmutzig."

„Darf ich ins Wasser gehen?"

„Nein, da wirst du bloß nass und erkältest dich."

„Darf ich mit den anderen Kindern spielen?"

„Um Gottes willen, da finde ich dich nicht wieder und du steckst dich an."

„Kaufst du mir dann ein Eis?"

„Nein, das ist zu süß, außerdem erkältest du dich!"

Die Kleine beginnt zu weinen. Da wendet sich die Mutter an eine Frau in der Nähe und sagt: „Haben Sie schon einmal ein so neurotisches Kind gesehen?"

Es ist offensichtlich: Nicht immer sind die Vorstellungen von dem, was Kinder wollen und brauchen, und nicht immer sind die Vorstellungen Erwachsener von psychischer Gesundheit, von Einsicht und Entwicklung die richtigen.

Doch wie wir leben, das zeigt sich auch in unserer Haltung zu Kindern.

Was sind Kinder für uns?
Für unsere Gesellschaft?
Manche haben da ganz feste Vorstellungen:

„Wie geht es Ihren Kindern?"
„Beiden geht es gut, danke!"
„Wie alt sind sie?"
„Die Ärztin ist drei, und der Rechtsanwalt fünf."

Das ist zwar ein Witz – aber ganz ohne Witz: Es gibt solche Eltern tatsächlich, die sich ein Kinderleben nur in Erwachsenenkategorien vorstellen können und die in die Kinder etwas hineinprojizieren, was ihnen kein eigenes Leben und keine Luft lässt.

Es gibt Eltern, die sich von ihren Kindern wünschen, dass sie erreichen oder tun, was ihnen selber nicht möglich gewesen ist oder was sie an eigenen individuellen Lebensmöglichkeiten verfehlt haben. Nach dem Motto: Die Kinder sollen es mal besser haben als wir.

Kinder sind viel mehr

Kinder können nicht stellvertretend für ihre Eltern leben. Kinder sind auf einmal da, im Leben. Wir wissen nicht, wo sie herkommen. Sie kommen aus der Unendlichkeit und bringen die Kraft der Unendlichkeit mit auf die Erde. Sie sind immer wieder eine Chance für die Erde. Sie sind eine Kraftquelle für Erwachsene.

Und sie halten unserer Gesellschaft einen Spiegel vor, in den wir schauen sollten.

Das ist etwas anderes, als manche Politiker glauben. Die ganze Debatte um steuerliche Anreize, mit denen manche Familienpolitiker versuchen, die Wertschätzung von Kindern neu anzuregen, ist doch absurd. Wir dürfen Kinder nicht nur im Rahmen von Rentenbeitragssicherung, Bevölkerungsstatistik und Wirtschaftsargumenten sehen. Kinder sind kein Zweck. Natürlich kann man vieles über Kinder sagen. Der große polnische Arzt Janusz Korczak, der die Kinder geliebt hat wie wenige andere, hat sein Verständnis von ihnen einmal in ein sehr poetisches Bild gekleidet: „Das Kind versteht Wunder und tut Wunder wie der Frühling." Für mich ist das Zentrale etwas, was sich mit diesem Bild durchaus verbinden lässt: Im Rahmen der Evolution stellt jedes Kind ein unglaubliches Potential dar. Es steckt voller Möglichkeiten, dass die Welt neu anfangen kann und dass das, was am Anfang war, auch weitergeführt wird. Ein Kind bestimmt für die Existenz dieser Erde die Beziehung zwischen Alpha und Omega neu. Auch wenn wir das Omega nicht definieren können – in Kindern scheint etwas vom großen Geheimnis und vom Wunder unseres Lebens auf.

„Das große Geheimnis ist, als unverbrauchter Mensch durchs Leben zu gehen", hat Albert Schweitzer in einem Rückblick auf seine Kindheit und Jugend einmal gesagt. Kinder sind unverbraucht. Sie sind noch nicht abgeschliffen von den Ansprüchen, die von allen Seiten an sie gestellt werden, und sie haben noch nicht vor den Anforderungen der Gesellschaft resigniert. Mit jedem Kind fängt in gewissem Sinn die Welt wieder von vorne an – jedes Kind gibt daher neue Hoffnung. Jeder Anfang ist zart und doch voll starker, neuer, positiver Möglichkeiten. Kinder sind zwar schwach, aber nicht zerbrechlich. Sie sind beides: zart und stark zugleich. Natürlich brauchen sie aufgrund ihrer zarten Konstitution unseren Schutz. Aber Kinder sind mental oft viel stärker als wir Erwachsene. Das hängt damit zusammen, dass sie in ihrer unmittelbaren Art noch mit dem Herzen bei dem sind, was sie tun, und dass bei ihnen so noch intakt und verbunden ist, was bei uns Erwachsenen oft getrennt und auseinandergerissen ist.

Anfängergeist – Sei wie ein Kind

„Sei wie ein Kind", das ist eine Haltung, die bedeutende Menschen immer wieder gefordert haben. „Zengeist ist Anfängergeist", antwortete ein Zenmeister auf die Frage, wie man Erleuchtung erlangt. „Wenn ihr nicht werdet wie die Kinder, könnt ihr nicht in das Reich des Himmels kommen", sagt Jesus. „Sei wie ein Kind", das hat auch Albert Schweitzer gefordert. Er sagt, dass dieses „Sein wie ein Kind" nichts mit dem äußeren Sich-Geben zu tun hat. Es ist für ihn „Einfachheit und Ursprünglichkeit des Denkens, Empfindens und Wollens, die wir uns wahren und immer wieder erwerben müssen, um nicht durch das, was von außen auf uns wirkt, irre zu werden".

Sein wie ein Kind, heißt: das leben, was Kinder leben. Wir tragen die Erfahrung des Kindseins und die Kraft der Kindheit ja noch in uns als eine Erfahrung, die wir einmal gemacht haben. Es fordert die Verantwortung heraus, unsere besten Möglichkeiten nicht zu verschütten, sondern sie wiederzuentdecken. Psychologen sprechen davon, man solle das „innere Kind" in sich entdecken und nach den Möglichkeiten der eigenen Kindheit in sich selber suchen. Kinder in unserer Umgebung machen uns immer wieder darauf aufmerksam.

Das, was Kinder haben, macht sie für unser Leben als Erwachsene wichtig: Kinder sind noch uneingeschränkt begeisterungsfähig und fröhlich, auch wissbegierig. Sie halten die Möglichkeit lebendig, freudig, unbefangen und mit großer Kraft und Unberührtheit wieder von vorne anzufangen, ja hineinzukommen in eine globale Geschwisterlichkeit und gemeinsames Handeln. Kinder sind an Kategorien wie Prestige, Nation, Rasse zunächst nicht interessiert. Wenn sie etwas tun, dann sind sie mit dem Herzen dabei. Für sie ist Mitgefühl und Zuneigung etwas, was keinem berechnenden Kalkül folgt, sondern was spontan und unmittelbar aus ihrem Inneren kommt.

Erwachsene neigen dazu, Verantwortung als ernste Pflicht des Einzelnen getrennt von so positiven Emotionen wie Freude zu sehen. *Freude und Wohlfühlen* einerseits und *Verantwortung* andererseits sind aber weder getrennt noch sind es bloß individuelle Haltungen. Sie sind in Verbindung miteinander zu leben und sie sind auch etwas, was wir miteinander leben können. Wenn ich denke, dass dieses Miteinander eine globale Aufgabe ist, also die ganze Welt angeht, so ist das wie eine Utopie. Es ist in der globalen Dimension noch nicht sichtbar. Dass das aber wirklich möglich ist, das drückt jedes Kind für mich ganz augenscheinlich aus. Natürlich streiten Kinder auch miteinander, und natürlich leben sie ihre Vitalität nicht immer nur auf friedliche Weise. Der tiefe Zauber der Kindheit besteht aber gerade darin, dass die Kleinen in ihrer positiven und herzlichen Weltzuwendung anschaulich machen, wie für unsere Welt im Großen eine Veränderung zum Positiven möglich ist.

Kinder haben noch, wovon wir träumen

Gleichzeitig ist es aber auch etwas anderes: Wenn ich mich als erwachsener Mensch mit Kindern umgebe und sie erlebe, dann halten sie mir, einfach dadurch, wie sie sind, auch einen Spiegel vor: Ich kann mich freuen an dieser Unbefangenheit, dieser *Energie*, dieser *Vitalität, Lebensfreude und Lebenskraft.* Ich messe mich selber an ihnen. Und warum? Sie machen anschaulich, was wir selbst verloren haben. Und sie spiegeln uns das, was wir ihnen Schlechtes oder auch Gutes angetan haben. Und gerade dadurch rühren sie an unsere Verantwortung.

Und sie machen es auch nicht schwer, diese Verantwortung zu sehen und wahrzunehmen. Verantwortung braucht *Kraft.* Kinder geben einem Menschen, der sich auf sie einlässt, unheimlich viel Kraft. Egal, ob es die eigenen Kinder sind oder nicht. Sie geben einem durch ihre ansteckende und ungehemmte Lebendigkeit und Lebensfreude Power. Nicht nur, weil sie uns an etwas erinnern. Sondern auch, weil sie auf etwas hoffen lassen: auf eine andere Wirklichkeit, die unser eigenes kleines Ego überschreitet. Sie sagen uns: Das Leben geht weiter. Sie sind ein Beweis für das Leben selber. Sie geben diese unbändige Kraft und die Unverdorbenheit, dieses Ursprüngliche des Lebens, den Zauber und die Magie eines neuen Anfangs weiter. Sie sind eine lebendige Resonanz auf unsere eigene, oft nur verschüttete Sehnsucht nach der kraftvollen Ursprünglichkeit des Lebens. Und das ist das, wonach jedes Individuum und wonach die ganze Menschheit sich auch immer wieder sehnt: Und hierin liegt für mich das Schöne. Das ist das Besondere an Kindern.

Kinder können das, wovon wir alle träumen. Wir alle sehnen uns doch danach, als Individuen von anderen wahrgenommen zu werden, aber uns selbst auch ernst nehmen zu können in unserer eigenen Ausprägung. Wir möchten frei sein von den Erwartungen und Bildern, die andere uns überstülpen und die uns einengen und begrenzen. Wir möchten wir selber sein. Und ein kleines Kind ist ein wirkliches Individuum. Es nimmt sich als „Selbst" wahr, aber es wird auch von den anderen als einzelnes, besonderes Wesen wahrgenommen. Ein Kind ist nahezu das einzige Lebewesen, bei dem wir geneigt sind zuzulassen – zumindest für kurze Zeit –, dass es Individuum sein darf –, bevor wir dann in Gefahr geraten, es zu reparieren und angleichen zu wollen. Kinder werden von anderen gerade darin ernst genommen, dass sie so sind, wie sie als Individuen sind. Kinder haben keine Angst, sich lächerlich zu machen. Ihnen wird verziehen, wenn sie Unsinn machen und über die Stränge schlagen. Sie werden zwar gemaßregelt, aber im Grunde wird ihnen verziehen. Wir erleben es ja immer wieder, dass wir uns köstlich darüber amüsieren, wenn Kinder Schabernack machen und Grenzen überschreiten, die wir Erwachsene uns selbst gezogen haben. Sie zeigen Lebenslust und tun einfach ganz spontan, was wir selber aufgrund gesellschaftlicher Normen glauben, nicht mehr tun zu können. Sie erzeugen ein seliges *Lächeln* und animieren auch den Hartgesottensten zum Lachen.

Wie Kinder spielen

Lebenslust, das ist Leben in der Gegenwart. Wir kleben in vielem, was wir denken und tun, an der Vergangenheit oder sind immer schon in der Zukunft mit unseren Plänen und Absichten. Kinder leben ganz ohne Verzweckung der Zeit. Nicht nur wenn sie spielen, sind sie ganz in der Gegenwart. Wenn ich mich an meine eigenen Kindertage zurückerinnere: Ich habe mich selbst häufig in Situationen befunden, wo ich einfach völlig in einer Sache aufgegangen bin und die Zeit überhaupt keine Rolle mehr spielte. Es ist das, was wir als Erwachsene in der Meditation wieder suchen: das *Zeitlose*.

Zu Weihnachten wurden bei uns für die Eltern, Tanten und Onkel Weihnachtsgeschenke gebastelt. Meine Großmutter und Mutter legten sehr viel Wert darauf. Jedes Jahr zu Beginn der Adventszeit derselbe Frust. Freunde spielten draußen, wir saßen genervt drinnen. Ich sägte häufig an Krippen, Kerzenständern oder irgendwelchen Schlüsselbrettchen, die dann später von uns Brüdern angemalt wurden: Mit spitzem Pinsel und zusammengekniffenen Mundwinkeln, um schnell fertig zu werden und ja nicht über den Rand zu malen. Puh! Aber beim Sägen löste sich manchmal die Zeit für mich auf. Geduldig, langsam auf- und absägend, die Konturen gerade noch sehend, versank ich in eine Gegenwärtigkeit, das bewusste Denken entfernte sich immer mehr. Für einen kurzen Augenblick machte sich eine zeitlose Freude breit. Bis das hauchdünne Sägeblatt mit einem lauten Pling oder Pläng riss: So'n Mist.

Dieses kindliche Aufgehen in einer Bastelarbeit war wie das, was Kinder auch im Spiel erfahren und was wir als Erwachsene wieder lernen sollten.

Es gibt eine Zen-Geschichte aus China. Sie handelt von einem König, der über ein großes Reich herrschte und dem nichts fehlte. Je älter er wurde, desto mehr packte ihn die Unruhe: „Was hilft es, ein solches Königreich zu besitzen, wenn ich am Ende doch sterben muss?" Er wandte sich an einen Zenmeister, der in einer Hütte an einem Bach lebte. Als der König bei ihm vorbeikam, veranstalteten gerade ein paar Kinder eine Papierschiffregatta. Die Schiffchen waren aus farbigem Faltpapier, und als der Zenmeister den König empfing, schwamm eine Flotte bunter Papierschiffchen den Bach hinab.

„Wie kann ich unsterblich werden?", fragte der König den Meister.

„Werdet zum Papierschiffchen und genießt die Fahrt!", antwortete der Meister.

Im Spiel der Kinder spielt die Zeit keine Rolle. Deshalb sind Kinder in ihrem Spiel auch vollkommen glücklich. In ihrem Spiel ist all das da, was auch wir gerne haben wollen. Und dies können uns die Kinder geben. Das ist die kindliche Kraft.

Erziehung – von den Kindern lernen

Kinder geben uns nicht nur ein Beispiel, was Leben eigentlich ist. Sie erinnern uns auch an unsere Verantwortung. An unsere Verantwortung für unsere eigenen Lebensmöglichkeiten, aber auch an unsere Verantwortung als Erwachsene für sie. Kinder bringen ja nicht nur die Kraft der Unendlichkeit mit auf die Welt. Sie sind auch in Gefahr, diese Kraft zu verlieren. Wir Erwachsene sind es, die sie ihnen in der Erziehung wegnehmen. Natürlich sind Erwachsene verpflichtet, ihre Kinder mit den Normen des Zusammenlebens, mit dem sozialen Verhalten und den Erwartungen der Gesellschaft vertraut zu machen. Das ist aber nicht alles.

Zugespitzt kann man feststellen, dass es wohl zwei Grund-
richtungen im Erziehen gibt. Die eine neigt dazu, Kindern die
Anforderungen unseres Alltags überzustülpen. Sie also möglichst
früh an die Notwendigkeiten der Erwerbsgesellschaft anzupas-
sen, ihnen möglichst früh möglichst viel darüber beizubringen,
wie sie ihren Lebensunterhalt verdienen können. Die andere
Grundrichtung geht von der Überzeugung aus: Es geht darum,
Kinder leben zu lehren. Sie immer tiefer darin einzuführen, dass
sie mit allen Sinnen das Leben erfahren, es nicht nur aus zweiter
Hand mitbekommen, sondern es wirklich erleben.

Wir können also von den Kindern lernen, was ihre un-
mittelbarere Beziehung zur Ursprünglichkeit unseres Lebens
angeht, zur Unendlichkeit. Wir können die Unbefangenheit an
ihnen sehen, das Spielerische neu entdecken, das *Genießen-Kön-
nen* im ganz ursprünglichen Sinne. Kinder bieten uns Erwachsenen eine große Chance. Sie leben einfach. Und gerade dadurch
erinnern sie uns an ein elementares Grundgesetz der Lebenskunst – *die Lust am Dasein*. Unsere Beziehung zu den Kindern
kann uns selber, gerade wenn wir mit ihnen in der Phase des
Aufwachsens leben, Kraft und Inspiration geben. Wir sollten sie
viel stärker nutzen, um wieder uns selbst in Frage zu stellen, ob
das eigentlich stimmt, wie wir leben. Insofern ist Erziehung auch
etwas Dialektisches: Sie wirkt auf uns selbst zurück.

Kinder sind heute zuallererst dadurch definiert, dass sie lernen. Eigentlich müssten wir die Definition umdrehen. Wir müssten viel mehr von den Kindern lernen. Wenn der „Anfängergeist"
ein Kriterium für *Offenheit* und *Kreativität* ist, dann sind Kinder
in diesem Sinn Meister. Weil die Welt für sie neu ist, können
sie noch staunen und sie unberührt von Vor-Urteilen anschauen.
Und genau das müssten wir von ihnen lernen. Kinder sind noch
mit allen ihren Sinnen verbunden. Ihre Neugier ist noch nicht getrennt von der ganz ursprünglichen Freude des *Entdeckens*. Ihre
Fragen sind Ausdruck einer unersättlichen Neugier und einer
Lust am Fühlen und Denken-Lernen. Sie wollen wirklich etwas
in Erfahrung bringen.

Irgendwann geht ihnen – ging uns – der *Mut,* die *Kraft,* der *Entdeckergeist* verloren. Man könnte fast sagen: Wir altern dadurch, dass wir diesen Willen zum Entdecken, diese ganz elementare Neugier zum Erforschen der Wirklichkeit zerstören.

Kinder müssten „reif werden", sagt man. Auch hier ist Albert Schweitzer ein wichtiger Kronzeuge für mich. „Was wir gewöhnlich als Reife an einem Menschen zu sehen bekommen, ist eine resignierte Vernünftigkeit. Einer erwirbt sie sich nach dem Vorbild anderer, indem er Stück um Stück die Gedanken und Überzeugungen preisgibt, die ihm in seiner Jugend teuer waren."

In der Wirklichkeit ist in unserer Erziehung oft einseitige Anpassung anstatt Förderung der individuellen Einzigartigkeit die Regel. Oft ist es nur die Anpassung an das, was uns am Bequemsten ist, und die wechselseitige Beeinflussung – in der die Orientierung aneinander eigentlich hin und her gehen sollte – fehlt. Es geht meist gerade nicht hin und her. Es wird die Wirklichkeit der Erwachsenenwelt fortgesetzt: Leistungsansprüche, Konkurrenzängste, Vergleichsdenken, Karrieredenken, also soziale Normen, die unser gegenwärtiges gesellschaftliches Leben bestimmen, durch die unser Wirtschaftssystem geprägt ist, werden den Kindern aufgedrückt. Dann sind eben die Dreijährigen schon Arzt und Fünfjährige Rechtsanwalt.

Gesellschaftliche Normen sind aber nicht absolut. Was würde denn aus dem Kind, wenn es an einer ganz anderen Stelle unserer Erde geboren worden wäre? Wenn ich in China zur Welt gekommen wäre, wäre ich sicherlich nicht der Mensch, der ich heute bin. Ich wäre wohl genauso, mit der Kraft des Unendlichen in mir, ins Leben getreten, ich hätte vielleicht die gleiche ursprüngliche Mitgift mitbekommen, aber ich würde eine andere Ausprägung haben, ich wäre nicht nur anders gekleidet, ich würde anders denken, ich wäre in einer ganz anderen Gemeinschaft, mit völlig anderen Normen und Wertmaßstäben aufgewachsen. Auch das sollte man sich einmal vergegenwärtigen, wenn man über Erziehung nachdenkt.

Keine Wissenscontainer und keine Lernmaschinen

Erziehung greift immer ins Leben ein. Sie „macht einen gerade gezogenen Graben aus einem frei sich dahinschlängelnden Bach", hat Thoreau gesagt. Ich plädiere nicht für das romantische Ideal eines quasi naturbelassenen Menschen. Aber eines ist für mich klar: Kindheit ist weder die Vorschule der Arbeitsgesellschaft noch darf sie dazu gemacht werden. Ich halte überhaupt nichts davon, Kinder bereits im Kindergarten auf Leistung zu trimmen und aufs Arbeitsleben vorzubereiten. Kinder sind keine Wissenscontainer und keine kleinen Lernmaschinen. Die Forderung, sie schon im Kindergarten mit Computern vertraut zu machen, damit sie später einmal im Arbeitsleben wettbewerbsfähig sind, ist nicht ungefährlich. Der Computer spielt in unserer Gesellschaft die Rolle, die Prozesse des gesellschaftlichen Lebens auch auf Geschwindigkeit und auf Takt und Arbeitskraft auszurichten. Dies steht dem Rhythmus des Lebens entgegen. Und erhebt das Formale zum Wesentlichen: Alles wird uniformer, lebloser und droht, individuelle Kreativität zu vernichten. Mir ist es tausendmal lieber, wenn jemand fähig ist, eine wunderschöne Geschichte mit Schreibfehlern zu verfassen oder eine eigene, leicht verständliche Graphik zu zeichnen, als dass alles schön „in Form" gebracht ist: mit Schrifttyp oder Randausgleich oder vielen Farben. Ein schlechter Inhalt lässt sich leider immer häufiger gut verkaufen – Hauptsache, die Form spricht an. Hier stimmt doch was nicht, oder? Wer fordert, dass Kinder das früh lernen, der verhindert, dass Kinder lernen, erst einmal das Leben zu leben, auch aus Fehlern zu lernen, es zu lieben, es in seiner Vielfältigkeit und seinem Reichtum zu erleben und zu begreifen. Das ist das Primäre. Dann, schrittweise und aus dem Spielerischen heraus, sollten sie natürlich auch die gesellschaftlichen Verhältnisse und damit die von uns Erwachsenen geprägten Lebensprozesse kennen lernen.

Leben lernt man nur im Leben

Dem Leben begegnet man nur im Leben. Lernen ist wichtig, aber es darf nicht den Blick auf das wirkliche Leben verstellen. Der indische Weise Krishnamurti hat einmal gesagt: „An dem Tag, an dem du dein Kind den Namen des Vogels lehrst, hört es auf, den Vogel zu sehen." Damit ist nicht die Lust der Kinder am sprachlichen Benennen gemeint. Er meint etwas anders: Wir sehen nicht mehr das Lebendige, wenn wir es nur darauf anlegen, abstrakte Begriffe und Kategorien zu lehren. Wir dürfen Kindern nicht beibringen, das Leben in Schubladen abzulegen und es in Begriffen zu sortieren und dabei das Leben zu verlieren.

Kinder sollten die Wirklichkeit nicht nur über die Medien wahrnehmen und über die Konsumprodukte kennen lernen. Wenn Kinder mit dem Computer leben, dann heißt das, dass sie in einer virtuellen Welt mit vorgefertigten Lösungen leben. So lange, bis sie denken, dass die vom Computer vorgegebenen Lösungen die einzig möglichen wären. Das Programm gibt Strukturen vor – und man kann schließlich nur noch das machen, was der Computer kann.

Das Fernsehen erzeugt ein Gefühl der Allmacht ebenso wie einen eklatanten Realitätsverlust: Kinder sehen, dass die Schauspieler immer in neuen Rollen auftauchen. Sie werden verwundet und sterben, und am nächsten Tag erlebt man diese Schauspieler in einem anderen Film, einer anderen Serie, wieder lebendig. Kein Wunder, wenn Kinder in Gefahr stehen, zunehmend das Gefühl für die Realität zu verlieren. Sie glauben schließlich, das Leben spiele sich wirklich so ab wie in der Scheinwelt der Soap-Operas und es müsse auch wirklich so geführt werden: Die dort vermittelten sozialen Normen, die Wortwahl und sogar die Gesten werden kopiert. Es ist ein schleichender Prozess: Je mehr konsumiert wird, umso weniger wird kritisiert. Haben Sie schon einmal Soap-Operas gesehen? Und ist Ihnen aufgefallen, dass dort Kinder fast gar nicht vorkommen? Identifikationsebene ist die Erwachsenenwelt. Kinderwelten und Kinder in die Welt setzen finden dort nicht statt.

Oder nehmen wir die Werbung: Es gibt Untersuchungen aus Amerika, nach denen Kinder jährlich im Durchschnitt mit 40 000 Werbespots für Spielsachen, Bonbons, Cornflakes und Fast Food bombardiert werden. Wirklichkeit ist aber kein Fertigprodukt. Und Leben ist nichts, was man im Supermarkt bekommt.

„Die Menschen haben keine Zeit mehr, irgendetwas kennen zu lernen. Sie kaufen sich alles fertig in den Geschäften", heißt es im „Kleinen Prinzen" von Saint-Exupéry. Kinder verlieren auch das Gefühl für die Realität, wenn sie immer Pommes frites essen oder Orangensaft aus der Dose trinken. Wer denkt da noch an die Kartoffel und die Orange an sich und dass diese einmal Pflanzen waren? Kinder brauchen wieder die Zeit, die Wirklichkeit kennen zu lernen. In der Erziehung wäre es schön, die Kinder wieder in die Prozesse der Natur mit einzubeziehen. Es muss möglich sein, dass sie einen Wald mit allen Sinnen erfahren, Tiere erleben und sich an ihnen freuen. Dass sie lernen, frisch gemähtes Gras oder einen Wald zu riechen und zu verstehen, dass ohne Bäume die Sonne im Sommer quälend sein könnte. Dabei könnten sie dann auch begreifen, dass sich Wüsten weltweit ausbreiten, weil Bäume planlos und aus Wirtschaftsinteressen abgeholzt werden. Kinder könnten selbst einen Garten anlegen und durch Anfassen begreifen, dass Kartoffeln in der Erde wachsen und nicht von Anfang an als Pommes frites existieren oder als Pommes auf den Bäumen wachsen. Sie müssen wirklich erleben, dass Milch nicht aus der Flasche kommt, sondern von der Kuh oder Ziege.

Nun kann es nicht um einen neuen Rigorismus gehen. Ich bin keiner, der fordert, Kinder sollten nicht frühzeitig ihre Intelligenz schulen oder Kinder dürften nicht an den Computer oder sollten überhaupt nicht fernsehen. Wenn Jugendliche den Computer als Mittel nutzen, um zu schreiben, um Wissen zu regenerieren, Zusammenhänge zu entdecken – dann ist das wunderbar. Hierzu sollten sie sogar angeleitet werden. Aber faktisch ist es doch so: Der Medienkonsum verführt dazu, dass sie wegdriften – von sich, von der Gemeinschaft, vom wirklichen Leben, in eine Scheinwelt hinein. Ich meine: Kinder sollten erst einmal unbefangen leben dürfen. Sie brauchen den Raum zur Entfaltung. Sie sollten auf dem Rasen toben, miteinander spielen, Gemeinschaft als Kraft erleben, die Schönheit der Natur vertiefter erfahren dürfen, die sie vorher schon wirklich und unmittelbar erlebt haben. Mit unseren eigenen Kindern waren und sind wir viel auf dem Land. Ich selbst bin so groß geworden. Wir haben gemeinsam die Wälder erkundet, die Natur außerhalb der Städte entdeckt, es wurde draußen gespielt, gelesen und Sport getrieben. Und irgendwann kam auch der Computer ins Haus und das Fernsehen. Aber viel später.

Bewegung für die „couch potatoes"

Eltern und Erwachsene generell sind gefordert, Kindern solche unmittelbare Naturerfahrung zu ermöglichen. Sie sollten vor allem *gemeinsam* etwas tun, sich aktiv zusammentun.

Deutsche Schulkinder bewegen sich nur noch eine einzige Stunde täglich und durchschnittlich kaum noch 15 Minuten so intensiv, dass sie aus der Puste geraten und den Kreislauf richtig auf Touren bringen. Schon in der Vorschule haben Pädagogen Mühe, sie zu beschleunigter Bewegung zu bringen: Morgens per Auto oder Bus zur Schule, sechs Stunden in der Bank sitzen, sich vielleicht sogar vor dem Pausengang drücken, Rückfahrt wieder im Sitzen, dann Sitzen beim Mittagessen, bei den Hausaufgaben, beim Abendbrot, vor dem TV mit Schokoriegeln oder mit Chips aus der Tüte ... so wird das Kind, wie es amerikanische Soziologen nennen, schon in frühester Jugend zur „couch potato", die deutsche Übersetzung „Sofa-Kartoffel" klingt noch drastischer.

Ein paar Beispiele aus Untersuchungen von Sportwissenschaft-lern: Zehnjährige liefen bei einem flotten Sechs-Minuten-Trab Mitte der 1970er Jahre noch 1150 Meter, zehn Jahre später schafften Gleichaltrige nur noch einen knappen Kilometer, heu-te liegt die Leistung unter 850 Metern. 1995 sprangen Berliner Schülerinnen mit elf Jahren 3,10 Meter weit, keine fünf Jahre danach maß man durchschnittlich nur noch 2,78 Meter. Problem-los auf dem Schwebebalken balancieren können nur noch weni-ge, im Kreis rückwärtsgehen überfordert die meisten ebenso wie längeres Stehen auf einem Bein.

Ich glaube, dass auch das Aufmerksamkeits-Defizit-Syndrom oder das hyperaktive Syndrom mit seinem unkontrollierten Be-wegungsdrang ganz viel mit Überlastung und mit Bewegungs-mangel zu tun hat. Auch die zunehmende Eingrenzung des Be-wegungsraumes der Kinder (Fußballspielen und Gummitwist auf dem Rasen und Schulhof verboten usw.) spielen eine ernst-zunehmende Rolle bei der Entstehung bzw. Ausprägung dieser Erkrankung, wie auch die Ernährung. Wir wissen beispielsweise, dass starke Gewürze wie Salz auf Pommes Frites oder Chips oder auch ein hoher Cola-Konsum bestimmte Kinder unruhig werden lassen. Ich selbst wurde unruhig und unaufmerksam, wenn ich zu wenig Bewegung in der Schule bekam oder zuviel ferngesehen hatte.

Es wird von außen zu viel an die Kinder herangetragen. Die Unfähigkeit, bei einer Sache zu bleiben, spielt bei dieser Hektik mit. Es gibt zu viel Angebote, von der Familie bis hin zu den Medien. Die Aufgeregtheit auch der Elemente, also das Sprung-hafte im Fernsehen, die fehlende Kontinuität in unserem sozia-len Gestalten, das Springen in der Diskussion und die Unfähig-keit, bei der Sache zu bleiben, kommen dazu. Das Hektische in den Anforderungen genauso wie in den Verboten, die ständige Konfrontation mit angeblichen Sachzwängen und die Vorspiege-lung, dass sie eigentlich alles können müssten, erzeugt für die

Kinder ein Feld der Hochspannung. Und wenn dann noch die übersalzene Pommesnahrung ihre Wirkung tut, dann bringt das die Kinder innerlich quasi zur Weißglut. Diese Kombination macht vieles im Verhalten so genannter Zappelphilippe verständlich, auf der anderen Seite ist es eine Katastrophe, wenn man sieht, dass in Amerika heute schon 30 bis 40 Prozent der Kinder Beruhigungsmittel kriegen. Und die Ritalinwelle – ein Medikament, mit dem Kinder ruhig gestellt werden – schwappt langsam auch nach Deutschland über. Die Gesellschaft kümmert sich immer weniger um die Kinder, man stellt sie ab und gibt ihnen „the drugs".

Nicht nur die sensorischen Fähigkeiten verkümmern durch Bewegungsmangel, auch die kleine Seele nimmt Schaden. 20 Prozent der Kinder sind nicht nur übergewichtig, sondern krankhaft übergewichtig, innere Konflikte sind programmiert. Gesundheitliche Schäden, wie vermehrtes Auftreten von Diabetes vom Typ II, lassen Schlimmes für die Leidenskarriere der Betroffenen ahnen: Leberverfettung, Herz-Kreislauferkrankungen, Gallenleiden, gar nicht zu reden von den Rücken- und Gelenksproblemen, die zu vorzeitiger Gebrechlichkeit führen.

Jährlich suchen 12 000 Kinder wegen massiven Übergewichts Kliniken zum Abnehmen auf. Immerhin, denkt man anerkennend, vergisst aber, dass die Zahl mindestens um den Faktor zehn wachsen würde, wollte man die tatsächliche Zahl erfassen. Und man vergisst, dass die Kuren meistens nichts bringen, weil sich an den heimischen Lebensumständen nichts ändert. Fast in jedem vierten Kinderzimmer steht bereits ein eigener Fernseher, Computer sowieso, und Kommunikation verkommt zum SMSen. Neue amerikanische Studien aus Harvard beweisen, dass Kinder pro Stunde 187 Kcal vor dem Fernseher zunehmen. Und diese Trägheit führt auch zu Aggressivität.

Eine Stunde Sport täglich

Ganz konkret: Warum bieten Schulen nicht fünf- bis zehnminütige Bewegungselemente nach je zwei Stunden Unterricht? Das macht den Kopf frei, motiviert und beugt vielen „Zipperlein" vor. So könnte ohne großen Aufwand ein Gegengewicht zu der zunehmenden Stress- und Konkurrenzsituation unter den Schülern aufgebaut und Aggression abgebaut werden. Im Kampf gegen die Immobilität des Nachwuchses sollten wir Verbündete zu gewinnen suchen, vor allem in den Vereinen, unter den Trainern und Sportlern, den Physiotherapeuten und bei den Ärzten. Ich kann mir vorstellen, dass viele ehrenamtlich bereit wären, in den Schulen Gesundheitsunterricht zu geben und Fitness- oder Sportprogramme zu entwickeln. Und zusätzlich fordere ich für jedes Kind: Eine Stunde Sport täglich. Lasst uns heute damit beginnen.

Von der Förderung von Trendsportarten wie Inline-Skating, Beach-Volleyball, Handball, Curling, Kickboxen oder Golf verspreche ich mir ebenfalls Breitenwirkung. Der Akzent aber sollte immer auf Mannschaftssportarten liegen, Volleyball, Basketball, Handball oder Fußball – wobei der Fußball wohl konkurrenzlos ist. Er sorgt für die nötige Bewegung und die Stärkung von Knochenbau und Muskulatur. Und er verlangt Eingliederung in ein Team, fördert den Einsatzwillen, lehrt Frustrationen wegstecken, mahnt zur Fairness und Rücksicht auf Schwächere, demonstriert die Notwendigkeit von Regelbeachtung und kann, koedukativ betrieben, Machogehabe wie Zickigkeit abbauen helfen. Weltweit sind die meisten sportlich aktiven Menschen in Fußballvereinen organisiert. Hieraus ließe sich doch viel mehr machen. Der Phantasie sind keine Grenzen gesetzt.

Jetzt oder nie! Initiativen gründen wie „Futbol par la Paz", die der Deutsche Jürgen Griesbeck 1994 ins Leben rief, nachdem ein Fußballer wegen eines Eigentors in Kolumbien nach der damaligen Weltmeisterschaft erschossen wurde. „Fußball für den

Frieden" engagiert sich gegen sozialen Unfrieden, Drogen, Hass und Gewalt. Das Streetfootball-World-Network unfasst heute mehr als 60 Projekte weltweit. Und: Tore von Mädchen zählen doppelt – auch zur Street-Footballweltmeisterschaft in Berlin-Kreuzberg während der Fußballweltmeisterschaft 2006.

Leben in und mit Gemeinschaft lernen

Gute Erziehung ist nicht Vorbereitung auf das Leben, sondern das Leben selbst, das in Gemeinschaft mit den Kindern gelebt wird. Dazu gehört auch das Leben in und mit der Gemeinschaft. Großeltern, Mütter und Väter sollten die Rhythmen schaffen, die die Familie gemeinschaftlich für sich definiert, dann ist das für Kinder gut. Das gemeinsame Essen, das regelmäßige Genießen einer guten und gesunden Mahlzeit gehört auch dazu, bei der alle zusammensitzen und miteinander reden. Sich beim Essen Zeit zu lassen, wie ich es aus Frankreich, Italien oder Spanien kenne, wäre als neue Kulturerrungenschaft ein echtes Qualitätsmerkmal unserer Gesellschaft. Essen muss erst einmal richtig Spaß machen, die Sinne müssen jubilieren. Durch Zeit und sinnlichen Genuss isst man viel weniger, kaut und schmeckt bewusster und lernt dabei nebenbei auch gute Qualität von schlechter unterscheiden. Sogar beim Essen einer Curry-Wurst. Und: genießt dabei auch auf einmal seine Mitmenschen.

Aber auch Aktivitäten wie gemeinschaftliches Lesen oder Vorlesen oder das gemeinsame Erleben von Musik gehören dazu. Das meint natürlich keinen ständigen Aktivismus. Es gehört auch genau das andere dazu: Ruhe zu finden, auch durch Gemeinschaft. Das kann geschehen, wenn man gemeinsam singt, gemeinsam Feste feiert, tanzt, in die Kirche geht oder wenigstens ein gemeinsames Konzert erlebt. In unserer Familie wurde viel und begeistert gesungen, gemeinsam, aber auch jeder für sich hat das getan. Wir haben gemeinsam Hausmusik gemacht, wir haben alle Gitarre, Klavier oder Klarinette gespielt, gesungen.

Das war noch lange vor der Zeit, als Herbert und ich als einzige Männerstimmen in der Hildegardis-Schule, einem Mädchengymnasium in Bochum, im Chor die „tragenden" oder besser getragenen Tenöre waren. War ja nicht so schwer, zu zweit unter lauter Mädels.

Wichtig ist das Erleben des Miteinander. Dazu gehörte in meiner Kindheit zum Beispiel auch das Zusammensitzen vor dem Fernseher. Ich weiß nicht, ob mein Vater schon 1954 einen Fernseher besaß. Für Fritz Walter & Co. war ich mit nicht einmal zwei Jahren wohl noch zu jung, aber bald saß auch ich regelmäßig bei Länderspielen oder anderen Großereignissen des Sports neben den Erwachsenen und fieberte mit. Ausgelassen wurde nichts. Die Fanfare der Eurovision vor jeder internationalen Übertragung klingt mir noch in den Ohren. Ebenso unvergesslich das gemütliche Miteinander mit meinen Geschwistern und meinem Vater vor dem Bildschirm, das erregte Mitgehen und die Identifikation mit den Idolen auf dem Rasen oder auf der Aschenbahn.

Meinen Brüdern und mir wurde von unseren Tanten, Großmüttern und natürlich auch von unserer Mutter viel vorgelesen. „Pippi Langstrumpf", „Emil und die Detektive" und „Das fliegende Klassenzimmer". Nicht nur die Geschichten habe ich in lebendiger Erinnerung, sondern auch das Vorlesen selbst, meistens abends vor dem Einschlafen. Diese Stunden gehören für mich zu den schönsten meiner Kindheit und Jugend. Man lernt etwas, lässt sein Denken anregen und seine Phantasie, und das ist nach wie vor schöner als Fernsehen. Als Kinder haben wir nach dem Vorlesen gerne geredet und das Vorgelesene vertieft. Mal überwog die Spannung, mal die Heiterkeit, immer war es ein schönes Erlebnis der Gemeinsamkeit.

Später, als Vater kleiner Kinder, konnte ich das Gefühl noch einmal genießen. Vorlesen macht genau so viel Spaß wie sich etwas vorlesen zu lassen.

Wichtig ist, dass man gemeinsam etwas tut. Diesen Familienzusammenhalt leben wir heute auch in meiner eigenen Familie, auch bei meinen Kindern. Wir unternehmen viel gemeinsam und beziehen, soweit das möglich ist, alle mit ein. Echte Gemeinschaft ist da, wo es beides gibt: gemeinsame Aktivitäten, aber auch Ruhe und Kontemplation. Und vor allem da, wo man gemeinsam lachen kann. Ich fürchte, wir verlieren das Lachen, wir verlieren das, was Kinder uns wieder geben: diese Fähigkeit, sich ungezwungen und ohne äußere Kontrolle, sozusagen aus dem Nichts heraus, freuen und lachen zu können. Denn das bedeutet ganz viel Kraft und Entwicklung.

Du bist deine eigene Marke

Es sind ganz einfache Dinge, und trotzdem fallen sie uns so schwer. Wir kommen auch hier wieder auf grundsätzliche Fragen wie: Wie bewerten wir eigentlich unsere Zeit, und wie setzen wir sie ein? Denn auch den Eltern selber, die – statt mit ihren Kindern Gemeinschaft zu leben – lieber etwas anderes tun, wird letztlich Zeit geraubt: wenn sie irgendwelche neuen Konsumgüter kaufen, um ihre Wohnung zu verschönern, um ihren Computer aufzurüsten, um irgendwelche Status-Symbole zu haben, um gesellschaftlich wahrgenommen oder ernst genommen zu werden oder einen anderen Status zu erreichen. Aber vor allen Dingen, um das Selbstwertgefühl zu heben: ich bin dabei, ich bin der gleiche wie alle anderen auch, deswegen dieselbe Marke oder das gleiche Auto oder ein noch besseres Auto als der andere. Das ist genauso toll, wie es ablenken kann – nicht nur vom Kind, sondern auch von eigenen Lebensmöglichkeiten und von Selbstreflexion: also von wertvoller Lebens-Zeit. Seine eigene Ausprägung zu finden, seinen eigenen Weg zu gehen, sich selbst zu finden, seine eigene Marke zu sein und sich nicht an Marken zu orientieren – all das braucht Mut, und es bedeutet immer wieder: sich Zeit zu nehmen. Sich diese Zeit gerade mit Kindern zu nehmen, ist der beste Weg. Und dabei herauszufinden, was einen

selbst so einzigartig macht. Die Fröhlichkeit und Unbekümmert-
heit von Kindern kann hierbei enorm helfen. Man wird selbst
wieder Kind.

Aber sich diese Zeit wirklich zu nehmen, verlangt Konsequenz. Ich muss auch den Mut haben, mich anders darzustellen,
anders zu leben als andere. Das ist ein Prozess, in dem eins
ins andere greift. Und diese Verwobenheit, dieses Selbstfinden
ist selber wieder Zeit, Lebenszeit. Ich brauche Zeit, um herauszufinden, wer ich selbst bin und es dann auch in seinen Konsequenzen zu begreifen und mein eigenes Lebensumfeld entsprechend zu gestalten. Die Bedeutung dieses unseres ganz individuellen und persönlichen Moments – unserer Lebenszeit –
zu erkennen, das ist das Entscheidende unseres Lebens. Für die
Kinder ist das keine Aufgabe – sie leben danach. Wir Erwachsene können uns an ihnen ein Vorbild nehmen und uns den Wert
des Lebens immer neu bewusst machen.

Nur von den anderen zu fordern, von den Kindern oder von
den Arbeitern oder den Beschäftigten oder von der Gesellschaft,
bringt nichts, das wäre die typische Haltung von Oberlehrern,
von denen es schon genug gibt. Oberlehrer verhindern Bewegung, auch geistige. Wir müssen ins Handeln kommen! Handeln
bedeutet auch immer Fehler machen und mutig sein, es bedeutet
Fehler machen zu können und aus den Fehlern zu lernen. Auch
das halten uns Kinder vor Augen.

Die Frage ist: Wie sollten Erwachsene mit den Kindern umgehen, um sie stark zu machen in dieser Gesellschaft? Wie können sie Eigenständigkeit, Mündigkeit, Selbstverantwortung, wie
können sie all diese Facetten ihrer Lebendigkeit fördern? Und
nicht: wie werden sie Arbeitstiere, möglichst schon im Vorschul-
alter.

Und irgendwann wieder Kinderarbeit wie in anderen Ländern, vielleicht dann am Computer? Bitte nicht! Die perverseste
Form von Arbeit und die schlimmste Form menschlichen Lebens: der zunehmende Zwang von Kindern zu Prostitution –

weltweit zwei Millionen neue Kinder jährlich – und der noch häufigere sexuelle Missbrauch weltweit. Welch eine Qual für diese kleinen wundervollen Seelen! Mir wird ganz schlecht, während ich dies schreibe. Was lassen wir Erwachsene offenen Auges zu, warum bekümmert uns das so wenig?

Warum sehen wir nicht, dass viele Millionen Kinder täglich kein oder nur noch total verunreinigtes Wasser zu trinken haben oder verdorbenes Essen bekommen, wenn überhaupt? Täglich sterben 30 000 Kinder! Warum kontrollieren wir nicht den Geldfluss unserer wohltätigen Spenden, die helfen sollen, aber häufig genug in falsche Hände geraten – in aufgeblähte Verwaltungen genauso wie in die Hände von Despoten, die sich davon den zigsten Mercedes oder Palast finanzieren? Warum nur schließen wir unsere Augen vor zunehmender Armut und Hunger, vor den unzähligen Kriegen mit all ihren Greueln und mit Kindersoldaten wie im Kongo? Dass über mehrere Jahrzehnte quasi ein dritter Weltkrieg in Afrika, in Angola, Uganda, Somalia und den umgebenden Staaten, stattgefunden hat, mit vielen Millionen Toten – vor allem Kindern und Jugendlichen – haben wir kaum registriert, das hat uns kaum berührt. Warum haben wir uns nicht gerührt?

Vom Du zum Ich zum Wir

Unsere Herzen und Seelen sind überlastet und blockiert. Wir sind ständig abgelenkt von uns selbst. Aufbruch zu uns selbst, in den wertvollsten Kosmos, den wir haben, wäre eine gute Alternative: Vom Du zum Ich zum Wir. Es wäre schön, wenn dieser Schritt in jeder persönlichen Entwicklung gemacht würde. Das Kind muss, wenn es in den Spiegel schaut, erst einmal dazu kommen, aus dem Du, das es in dem Spiegel sieht, das Ich zu erleben und sich so stark zu machen. Dazu tragen insbesondere auch die Eltern bei. Kinder müssen stark werden, um dann aus der individuellen Stärke, aus der Selbstbestimmtheit heraus, aus der Selbstreflexion, aus der Identifikation mit sich selbst, ins Wir zu kommen und ins gemeinsame Handeln. Und im gemeinsamen Handeln den Einzelnen stärken. Wir können nur stark werden im Gemeinschaftlichen. Das ist unsere Aufgabe in der heutigen Zeit: dass wir selbstbewusst sind. Und dann sagen: Wir machen es auch gemeinsam.

Hier haben die Familien nach wie vor eine entscheidende Rolle, aber auch andere Strukturen wie Wohngemeinschaften. Die Strukturen unserer Gesellschaft sind freilich nicht besonders familienfreundlich, die traditionellen Familien driften immer stärker auseinander, zerbrechen immer öfter, und manche behaupten, wir hätten heute schon eine Singlegesellschaft. Und tatsächlich leben in Städten wie Freiburg, München oder Berlin heute schon mehr Singles als Verheiratete, und auch die Zahl der Alleinerziehenden ist in den letzten Jahren drastisch gestiegen. Aber wenn behauptet wird, das Singletum sei die Lebensform der Zukunft, dann glaube ich das nicht. Kinder brauchen jedenfalls Orte der Gemeinsamkeit, an denen sie Selbständigkeit lernen und Zugehörigkeit erfahren dürfen. Vielleicht sind ja sogar Wohngemeinschaften in und mit allen Altersgruppen oder gemeinsamen Interessenlagen die Lebensform der Zukunft. Ich möchte auf jeden Fall nicht alleine alt werden.

Verwurzelung, Zugehörigkeit und emotionale Bindung gehören zusammen. Kinder wollen irgendwo dazugehören. Es sind in erster Linie die Eltern – bei Alleinerziehenden eben Vater oder Mutter – in der Lage, dem Kind Kraft und Selbstbewusstsein zu geben. Sie sind der Kraftfaktor, der dem Kind Stabilität gibt, damit es sich selbst erlebt und selbstbewusst wird, aber gleichzeitig auch die Grenze kennt. Denn Grenzen aufzuzeigen, ist ebenfalls wichtig. Grenzen, die sagen: Du kannst dich jetzt nicht ausleben, nutze deine Kraft, um mit den anderen gemeinsam die nächste Stufe zu erreichen. Wir alle brauchen in Beziehungen dieses Feedback. Es geht immer darum, dem Einzelnen Freiraum zu geben, damit er sich entwickeln kann, mit seinen eigenen Fähigkeiten, mit seinen eigenen Bedürfnissen, und dabei immer die Gemeinschaft im Auge haben kann. Dafür muss es natürlich Regeln geben. Aber die grundlegende Regel ist für mich: Verurteile den Einzelnen nicht, in dem was er tut, sondern fördere ihn. Und hilf ihm gleichzeitig, gemeinsame Entscheidungen zu treffen und sich auch daran zu halten und diese Entscheidungen gemeinschaftlich in der Emanzipation des Einzelnen weiterzuentwickeln. Wenn Erziehung das leistet, dann ist sie gelungen.

Das Beste für ein Kind

Im Alltag ist Erziehung natürlich nicht einfach. Mir fallen zwei Extreme auf:

Das eine Extrem ist das Abstellen der Kinder vor dem Fernseher. Das passiert in der Regel, wenn die eigenen Bedürfnisse wichtiger sind als das Kind. Nicht immer freilich ist es Egoismus. Oft ist es auch nur Überforderung durch soziale oder wirtschaftliche Umstände. Es gibt Situationen, in denen die alleinstehende Mutter arbeiten muss, um sich und ihr Kind durchzubringen und abends in ihrer Erschöpfung die einzige Möglichkeit darin sieht, das Kind vor den Fernseher zu setzen.

Das andere Extrem ist die Überfrachtung der Erziehung: Ein Kind bekommt Klavierunterricht, und die Eltern suggerieren ihm auch noch: Du wirst nicht nur der beste Reiter oder die beste Reiterin, sondern du bist auch die beste Balletttänzerin und Basketballstar und kannst auch noch fünf Sprachen. Die Kinder haben einen Terminplan wie Manager, werden zu fast professionellen Hobbys geschickt, sie werden zum Sport gefahren und erhalten Nachhilfestunden und so weiter. Auch wenn sich das meist in ökonomisch wohlsituierten Familien abspielt: es ist natürlich nicht so, dass hier einfach menschliche Wärme ersetzt würde durch materielles Engagement. Dahinter steht im Gegenteil meistens der Wunsch, möglichst viel zu geben und dem Kind etwas Gutes zu tun.

Wirklich Gutes tun wir unseren Kindern, wenn wir ihnen helfen, achtsame und aktive Menschen zu werden. Es braucht unsere Gemeinschaft, damit Kinder zu eigenverantwortlichen und glücklichen Menschen heranwachsen. Wir müssen begreifen und vielleicht auch wieder neu lernen: Das Beste, was man für ein Kind tun kann, ist genau das, was auch das Kind gerne hat: Klar, es möchte spielen, möchte testen, ausprobieren, Neues lernen und Kräfte messen. Ein Kind möchte aber auch in den Arm genommen werden, es möchte Nähe, es kuschelt sich gerne an einen, es möchte Nähe geben, wenn es merkt, es geht jemandem nicht gut. Diese unbefangene Sensorik haben wir Erwachsene ja schon längst nicht mehr. Auch das ist es, was wir von den Kindern wirklich lernen können: Offen sein für die Gefühlswelt des anderen: Kindern ist viel wichtiger, nicht ein großes Programm zu bekommen: Sie wollen wirklich den anderen Menschen dabeihaben, von Herz zu Herz, von Seele zu Seele.

Und genau darum geht es. Keiner hat es schöner formuliert als der libanesische Dichter Khalil Gibran in seinem Gedicht „Von den Kindern" (in der Übersetzung von Ulrich Schaffer).

Von den Kindern

Eure Kinder sind nicht eure Kinder.

Sie sind die Söhne und Töchter der Sehnsucht des Lebens nach sich selbst.

Sie kommen durch euch, aber sie sind nicht von euch, und auch wenn sie bei euch sind, gehören sie euch nicht.

Ihr könnt ihnen eure Liebe geben, aber nicht eure Gedanken, weil sie ihre eigenen Gedanken haben.

Ihr könnt ihren Körpern eine Behausung geben, aber nicht ihren Seelen, weil ihre Seelen im Haus von Morgen wohnen, welches ihr nicht betreten könnt, noch nicht einmal in euren Träumen.

Ihr könnt versuchen, wie sie zu sein, aber versucht nicht, sie euch anzugleichen –, das Leben geht nicht rückwärts, noch verweilt es beim Gestern.

Ihr seid die Bogen, von denen eure Kinder als lebende Pfeile abgeschossen werden.

Der Bogenschütze sieht das Ziel auf dem Pfad der Unendlichkeit, und Er biegt euch mit seiner Kraft, damit seine Pfeile schnell und weit fliegen.

Möge das Gebogenwerden in des Schützen Hand Freude in euch auslösen.

So wie Er den fliegenden Pfeil liebt, so liebt Er auch den Bogen, der fest steht.

Fünfte Haltung

Begegne dem Alter –
finde dich selber

„Jugend ist ein Geisteszustand"

Die Abschaffung des Alters

Aldous Huxley hat Anfang der 1930er-Jahre in seinem Zukunfts-
roman „Schöne neue Welt" eine Welt beschrieben, in der Unruhe, Elend und Krankheit überwunden sind und den Menschen
im Schlaf allnächtlich hundertfünfzigmal wiederholt wird, dass
sie glücklich sind. Dieses „Glück" ist für jeden gleich genormt
und durch Drogen künstlich hergestellt. Die Menschen leben in
einer total formierten und gleichgeschalteten Gesellschaft. Freiheit, Religion, Kunst, Humanität sind abgeschafft. Es gibt keine
Tradition in dieser Gesellschaft. Daher ist konsequenterweise
auch die ewige Jugend eingeführt. Das Alter ist eliminiert. Es
gibt keine alten Menschen mehr – aber auch keine Erinnerung,
keine Geschichte, keine Individualität. Nur in einem Reservat
von „Wilden" überlebt die Menschlichkeit. Und auch die Zeit-
rechnung ist neu: Sie beginnt mit Ford, dem „Erfinder" der Fließ-
bänder.

Anti-Aging ist heute ein großer Trend, fast schon eine Industrie.
Nicht zu altern, ja vielleicht sogar unsterblich zu sein, ist ein
alter Traum, den die Märchen schon im Bild des Jungbrunnens
beschwören. Huxley zeigt die andere Seite dieses Traums. Wo
das Alter nicht akzeptiert oder gar geleugnet wird, da wird auch
der Wert der alten Menschen geleugnet. Das Leben ohne Alter –
ein Albtraum.

Den Jahren Leben geben

„Jugend ist kein Lebensabschnitt, sondern ein Geisteszustand."
Albert Schweitzer, der jüngste Alte, der mir in frühester Jugend
begegnet ist, hat das einmal gesagt. Was er damit meint: Man
kann eben mit zwanzig schon ganz leblos sein. Aber man kann
auch noch als sehr alter Mensch ganz jung sein. Wenn das stimmt,
dann kommt es nicht so sehr darauf an, wie *alt* man ist. Sondern

darauf, *wie* man alt ist. „Nicht dem Leben Jahre geben, sondern den Jahren Leben geben", ist meine Haltung. Leben heißt eben: Erfahrungen machen und aus Erfahrungen lernen, es heißt: ein Leben lang lustvoll sein Dasein zu leben, in Gemeinschaft und für sich selber seine Freiheit zu verwirklichen. Das eigentliche Problem liegt also nicht darin, alt zu werden. Es geht darum, gut und in Würde alt zu werden, die Jahre mit Inhalt zu füllen, sich zu freuen an dem, was man tut und sich damit zu identifizieren. Es gilt, die eigene Individualität zu stärken und sie einzubringen in die soziale Gemeinschaft der Familie, der Freunde, der Gesellschaft.

Wir leben jedoch in einer Zeit, in der Leistung, Fitness und Produktivität im Vordergrund stehen, wo alles immer schneller gehen muss, wo alles immer besser und immer mehr werden muss. Dagegen zeigt sich in der Lebenserfahrung alter Menschen eine andere Sichtweise und dementsprechend eine davon unterschiedene Einsicht: Das Leben funktioniert nicht nach dem Prinzip des Leistungssports: weiter, höher, schneller. Wir werden eben nicht immer nur schneller, es lässt sich nicht alles immer noch mehr steigern.

„Genieße das Leben, es ist später, als du denkst"

So lautet eine Weisheit aus China. Das meint so viel wie: „Lass die Welt sich drehen und versuche nicht, sie noch anzutreiben." Es ist ein Spruch, der dazu einlädt, nicht immer noch mehr zu hetzen. In England vergeht einem vermutlich die Gemütlichkeit, wenn man den Satz hört. Dort, so ging es durch die Presse, soll einem Siebzigjährigen die Implantation eines Hüftgelenkes aus Altersgründen verwehrt worden sein. Und wo – wie bei uns – Begriffe wie „alternde Gesellschaft" oder „Alterspyramide" zu durchweg negativen Assoziationen führen, da mehren sich auch bereits Stimmen, die fordern, von einem definierten, durch einen

Verwaltungsakt festgelegten Alter an bestimmte Behandlungen nicht mehr durchzuführen. Ein Jugendfunktionär hat bekanntlich hierzulande in aller Öffentlichkeit den Alten nahegelegt, beizeiten „den Löffel abzugeben". In einer Gesellschaft, in der es im Wesentlichen um Kosteneinsparung und Rendite geht, kommt so etwas an. Und es besteht die Gefahr, dass damit lange Zeit gültige und gehütete kulturelle Werte über Bord gehen. Wo das Stichwort „Überalterung" im Raum steht, nimmt man alte Menschen vor allem als Rentenverzehrer und Krankenkassenlast unter ökonomischen Vorzeichen wahr, und da macht bald auch das Stichwort vom „Krieg der Generationen" die Runde. Schon dieses martialische Wort ist nicht bloß Ausdruck von Diskriminierung, sondern bereits von aggressiver Ausgrenzung der alten Menschen aus der Mitte unserer Gesellschaft.

Alte Jugendliche und junge Alte

Über Jahrhunderte und Jahrtausende hinweg waren alte Menschen hoch geachtet. Dies nicht nur deswegen, weil Alter mit Wissen, Weisheit und Gelassenheit in Verbindung gebracht und bewundert wurde. Sondern schon aus dem Grund, weil es früher eine Besonderheit war, ein hohes Alter zu erreichen. Heute, da aufgrund des wissenschaftlichen, sozialen und medizinischen Fortschritts für viele, ja für die meisten, Altwerden möglich geworden ist – in den Industrienationen liegt die durchschnittliche Lebenserwartung bei über 75 Jahren –, haben wir uns schon fast daran gewöhnt.

Schon die Weisen der ayurvedischen Medizin haben vor mehr als 3000 Jahren darauf hingewiesen, dass prinzipiell jeder Mensch über hundert Jahre alt werden kann, und zwar mit klarem Bewusstsein. Heute haben wir in den westlichen Ländern das Wissen und die Mittel dazu. Und dennoch fehlt uns die entsprechend gewandelte Einstellung zum Alter. Dabei ist dieser so genannte vierte Lebensabschnitt eine vitale kulturelle, geistige und spirituelle Ressource und eine Gnade unseres Schöpfers, so meine ich. Noch aber leisten wir uns Pauschalurteile und Altersdiskriminierung. Und das, obwohl wir alle wissen: Es gibt alte Zwanzigjährige und junge Hundertjährige.

Natürlich bringt das Altern physische und psychische Veränderungen mit sich. Doch auch die Jugend hat ihre spezifischen Probleme. All dies gehört zum Kreislauf des Lebens. Es kann nicht angehen, dass sich ein kalter ökonomischer Blick auf Kranke oder auf alte kranke Menschen durchsetzt, bei dem mitschwingt: Eigentlich sind sie zu alt, eigentlich sind sie – spätestens nach dem Ausscheiden aus dem Arbeitsprozess – zu teuer, und: Könnten wir das Geld nicht sparen …? Alte Menschen werden vergesslich, sie nerven zuweilen und zwingen uns zum Blick auf die eigene Vergänglichkeit. Gerade Letzteres aber sollten wir schätzen. Nicht von ungefähr heißt es im „Buch der Bücher" (Psalm 90): „Lehre uns bedenken, dass wir sterben müssen, auf dass wir klug werden."

Wenn das Alter in erster Linie unter ökonomischen Gesichtspunkten gesehen wird und mit den Werten einer Ökonomie beurteilt wird, die an unerschöpfliche Kraft, immerwährendes Wachstum, permanente Leistungssteigerung und ein immer noch mehr zu steigerndes Tempo glaubt, dann gibt es Konflikte. Und tatsächlich: Die demographische Entwicklung – nach der es in Zukunft immer mehr alte Menschen in unserer Gesellschaft geben wird – trifft auf ein geheimes oder offenes Erschrecken.

Der Tiefenpsychologe James Hillman weist in seinem Buch „Vom Sinn des langen Lebens" darauf hin: Im Allgemeinen bewerten wir das Altwerden deswegen so negativ, ja wir hassen die Alten für ihr Altsein, weil sie uns vor Augen führen, dass die Werte, die in der Gesellschaft funktionieren und nach denen die Gesellschaft funktioniert und die diese bestimmen, im eigenen Leben so nicht mehr funktionieren. Für mich ist die panische

Reaktion, die sich in dieser Abwehr des Alters ausdrückt, völlig unverständlich. Aber sie ist Realität.

Fast ein ganzes Jahr – in unseren Zeiten also beinahe ewig – hat sich hierzulande ein Buch ganz oben auf den Bestsellerlisten gehalten mit dem auf den ersten Blick seltsamen Titel „Das Methusalem-Komplott". Der Autor Frank Schirrmacher hat die Frage gestellt: Muss eine alternde Gesellschaft eine vergreisende, eine zum Absterben verurteilte sein? Seine Antwort: Sie muss nicht, wenn wir beizeiten umsteuern.

Wir haben uns darauf vorzubereiten, so Schirrmacher, dass es binnen Kürze erstmals in unserer Geschichte so sein wird, dass die im landläufigen Sinn „Alten" die absolute Mehrheit haben. In einer Demokratie ist das eine Entwicklung mit dramatischen Folgen für unser Selbstbild und damit für die gesellschaftliche Dynamik, für die sozialen Sicherungssysteme und für die Wirtschaft insgesamt, keineswegs nur für die deutsche. Wir stehen vor Herausforderungen von ungekannten Dimensionen: Das reicht von Gefahren kollektiven Selbstzweifels über die Aushöhlung des Generationenvertrags, und Zwängen zur Verlängerung der Lebensarbeitszeit bis hin zu Überlegungen, welche medizinischen Behandlungen sich in welchem Alter überhaupt noch „lohnen".

Jugendwahn und andere kollektive Vorteile

Hier möchte ich die Frage nach der Rolle der Medizin im besagten „Komplott" stellen. Der Begriff „Komplott" setzt eine größere Verschwörergruppe voraus. Und um eine solche handelt es sich auch, nämlich um die denkbar größte: uns alle. Wir leisten uns höchst riskante, längst nicht mehr zeitgemäße, vom Jugendwahn gesteuerte Vorurteile gegen „die Alten". Und damit gegen uns selbst. Wir sollten uns also zunächst einmal fragen: Was ist alt? Und wie nehmen wir das Alter wahr? Warum nehmen wir es auf bestimmte Weise wahr? Und wieso brauchen wir einen Perspektivenwechsel?

„Schämen Sie sich, dass Sie so jung sind", heißt es bei Karl Valentin einmal. Das ist ein sicherer Lacher. Jeder Witz lebt bekanntlich von der Umkehrung der Erwartung. Alter wird zwar heute gesellschaftlich immer noch negativ definiert: durch die nachlassenden Kräfte, durch die Grenze, die in der Gesellschaft nach dem Ausscheiden aus dem Arbeitsprozess gezogen wird, durch die Nähe zum Tod. Dieser Sicht liegt ein „Defizitmodell" zugrunde. Aber abgesehen davon, dass das Defizitmodell des Alters einem Klischee aufsitzt, sollte man daran erinnern: Es gibt ja nicht nur Fähigkeiten, die mit den Jahren schrumpfen. Es gibt auch Fähigkeiten, die mit dem Alter wachsen, dies bestätigt auch die Hirnforschung. Und wenn unser Blick sich ausschließlich auf die Arbeitskraft richtet und nicht auf Leben an sich, auf soziale Werte, auf soziale Kompetenz und soziale Kraft, die alte Menschen haben und symbolisieren, dann verliert unsere Kultur Entscheidendes. Wir sollten uns lieber an Kulturen orientieren, die alte Menschen schätzen. Mir geht es um die prinzipielle Fähigkeit und Würde des Einzelnen, die jeder bis zu seinem Tode – und danach – hat.

Wir brauchen ein „Komplott" zur Aufwertung und Anerkennung des Alters. Für mich ist Alter etwas Positives – genauso wie die Kindheit. Beide, das Kind und der alte Mensch, geben uns etwas Wertvolles, jeder auf andere Weise. Alte Menschen, die ich liebgewonnen habe, meine Eltern, aber auch meine Tanten, meine Großmutter oder auch viele Menschen, die ich Tag für Tag erlebe, geben mir genauso viel Kraft und – so paradox es klingt – genauso ein positives Zukunftsgefühl wie Kinder. Ein alter Mensch gibt mir die Perspektive, alt werden und auch im Alter glücklich sein zu können. Er zeigt mir natürlich möglicherweise gleichzeitig, dass ich im Alter auch gebrechlich sein kann. Und diese Begegnung bringt mir wieder etwas Wichtiges – sie führt mich nämlich zu meiner eigenen Entscheidung und Verantwortung. Ich habe die Wahl: Ich kann mich jetzt entweder belasten, oder ich kann diese Begegnung nutzen, um mich vorzubereiten, um vorzusorgen. Dies ist der Schritt, auf den alles ankommt: eigene Kraft durch Nachdenken gewinnen.

Jugendwahn und Schönheitswahn hängen eng zusammen. Jung – und wertvoll – ist demnach nur der, dessen Haut straff ist und der gut duftet und „sexy" ist. Alles, was mit Gebrechlichkeit zu tun hat, wird auch heute noch lieber übersehen, ausgesondert, diskreditiert: Krankheit, verwelkte Haut, Behinderung – all das hat das Stigma des Negativen und Unvollkommenen. Das Alter erscheint nun als gesellschaftlich immer gewichtiger werdendes Problem auf der Folie dieses tief verwurzelten Jugend- und Schönheitskults. Dabei sind Lachfalten doch so schön und stimulierend.

Altern gehört zum Leben. Es geht also auch darum, unsere Sicht des Lebens an sich zu ändern. Denn alt werden wir alle, und die Alten werden immer mehr. Deswegen müssen wir das „Komplott" sozusagen umkehren und uns gegen den Altersrassismus „verschwören" und für eine Neudefinition eintreten, die das Altern und das Alter als Gewinn und nicht als Last begreift.

Wir werden vom ersten Lebenstag an älter. Das Altern hat erst durch den Tod eine zeitliche Grenze. Die erwähnten ayurvedischen Ärzte haben schon gesagt, dass, um ein Alter von 120 Jahren zu erreichen, drei Lebensprinzipien eingehalten werden müssen: Bewegung, Ernährung und Lebenskunst.

Altersgrenze und Kompetenzgewinn

Zwei Tatsachen stehen fest, deren Konsequenzen wir noch gar nicht richtig begriffen haben:

Erstens: Wir werden heute älter als noch vor hundert Jahren. Und heute beträgt das Durchschnittsalter in unserer Gesellschaft 42,9 Jahre, in rund zwanzig Jahren liegt es bei 47,7 Jahren.

Heute geborene Mädchen können im Schnitt 82,25 Jahre alt werden. In 40 Jahren werden allein in China halb so viele 65-Jährige leben wie heute auf der ganzen Welt. Und das Industrieland Japan weist die ältesten Menschen auf, die auch meist in guter Verfassung sind.

Und zweitens: Wir haben weniger Kinder und werden zu einer überalterten Gesellschaft, weil wir keine ausgewogene demographische Mischung zwischen jung und alt haben. Italien, Spanien und Deutschland als Schlusslicht haben die niedrigste Geburtenrate in Europa. 2050 werden die Menschen in Europa im Durchschnitt 46,6 Jahre, in Amerika 41,7 Jahre alt sein. Bitte überlegen Sie, was das bedeuten könnte. Unsere derzeitige Haltung und Einstellung dem Alter gegenüber ist gesellschaftlich gesehen merkwürdig. Wir orientieren uns an einer biologischen Zahl. Und wir starren – wie das Kaninchen auf die Schlange – nur auf Gebrechlichkeiten. Aber wir orientieren uns nicht am Menschenleben, an der Kraft des Individuums und an den Möglichkeiten auch der mentalen Entwicklung des Menschen bis ins hohe Alter.

Schon vor 400 Jahren hat Montaigne geklagt, dass Menschen vor dem sechzigsten Lebensjahr in den Ruhestand geschickt würden, wo es doch im öffentlichen Interesse sei, die Dauer der beruflichen Tätigkeit so weit wie möglich zu verlängern. Heute sind wir nicht viel weiter.

Ältere Beschäftigte werden mit staatlicher Förderung über das Altersteilzeitgesetz vorzeitig in den Ruhestand geschickt. Die Gesetze und die arbeitspolitischen Maßnahmen, das Festhalten an einer festen Rentengrenze (die in Deutschland bis zum Jahr 2029 um nur zwei Jahre angehoben wird) zielt doch eigentlich nur auf das eine: die Arbeitskraft und die Erfahrung der älteren Menschen in den „so genannten Ruhestand" zu schicken und damit auf dem Verwaltungsweg zu entsorgen. Wir berücksichtigen nicht, dass es auch Menschen gibt, die auch in älteren Jahren noch arbeitsfähig sind, es zumindest sein könnten, wenn sie denn auch gelassen würden. Natürlich gilt das nicht für Menschen, die körperlich schwer arbeiten mussten und die ihren Ruhestand wirklich herbeigesehnt und ihn auch verdient haben. Jeder nach seiner Leistungsfähigkeit und seinem Willen, das wäre meiner Überzeugung nach die richtige humane politische und kulturelle Einstellung.

Wir bewerten den Menschen im Grunde nur im Blick auf seine Arbeitskraft. Für eine solche Sicht ist das Alter eine numerische Zeiteinheit und wird definiert als Berentungsbeginn. In unserer Gesellschaft wird überwiegend als alt definiert, wer nicht mehr dem Arbeitsprozess zur Verfügung steht oder manchmal einfach nicht mehr zur Verfügung stehen darf. Alt ist man mithin spätestens mit 65 Jahren oder je nach Beruf entsprechend früher. Flugzeugkapitäne zum Beispiel werden mit knapp 50 Jahren ausgemustert. Staatsdiener müssen spätestens mit 65 gehen, Politiker hingegen nicht. Hier weiß man Erfahrung noch zu schätzen. Der von eben diesen Politikern gestaltete Staat sollte sich daran ein Beispiel und das wohlfeile Gerede von der Flexibilisierung beim Wort nehmen.

Nach geltender „Altersgrenze" wird man aus gesellschaftspolitischer Sicht „nutzlos" und zum Kostenfaktor – so leider auch häufig unsere eigene Meinung. Zumindest, solange wir selbst noch im Arbeitsprozess stecken. Erst wenn dessen Ende naht, wird einigen von uns mulmig, denn wir tappen dann selber in die Vorurteilsfalle und fühlen uns auf einmal alt – im Sinne von nicht mehr gesellschaftlich anerkannt. Ganz gleich, wie leistungsfähig wir noch sind.

Menschenverträglichkeit

Wissenschaft und Forschung verändern die Welt in einem enormen Tempo und stellen Weichen für die Zukunft. Die Gestalter, eben die Wissenschaftler und Forscher, dürfen bei ihrem Tun aber die „Menschenverträglichkeit" – einen Begriff, den ich

Ende der 1980er-Jahre in meiner Habilitation analog zur „Umweltverträglichkeit" eingeführt habe – nicht aus dem Blick verlieren. Wir kommen um grundsätzliche Fragen nicht herum. Denn die Antwort darauf, was Menschen zu- oder abträglich ist, erschließt sich, wenn wir uns auch hier wieder die zentrale Frage stellen: Was ist der Mensch? Was macht seine Würde aus? Worauf beruht der Wert des Lebens? Wir brauchen einen ganz entschiedenen Standpunkt, sonst werden wir in Fragen des Klonens, der Bio- und Gentechnologie bis hin zur Sterbehilfe unverbindlich bleiben oder gar zynisch werden und der Willkür Tür und Tor öffnen. Solange ein Mensch nur nach seiner Arbeitsleistung im Beruf und seiner Funktion betrachtet wird, ist natürlich derjenige nutzlos, der außerhalb steht – sei er krank, behindert oder alt. Diese Reduktion ebnet jedoch einem zynischen Menschenbild den Weg – man denke nur an das furchtbare Wort vom „unwerten Leben". Insofern ist vor einer Entsolidarisierung mit den Alten und Kranken in unserer Gesellschaft eindringlich zu warnen. Wir sollten immer daran denken: Bald werden wir selbst dazugehören.

Erfahrung als Schatz

Es geht darum, den Schatz der Erfahrung eines Menschenlebens zu würdigen, und darüber verfügen gerade die alten Menschen. Er liegt im Persönlichen, im Erzieherischen, im Politischen, im Kulturellen, im Technologischen. Jeder Mensch hat, je älter er wird, einen immer tiefer und immer differenzierter werdenden Schatz, der spätestens mit dem Rentenalter kaum mehr abgefragt wird. Eugen Drewermann hat angemerkt, die Kultur, die unsere Lebenszeit verlängert hat, müsse auch „zum Archiv der Antworten" für diejenigen Fragen werden, die sich in einer offenen Zukunft für uns Menschen ergeben. Das Alter sollte also – genauso wie die Kindheit – endlich auf die Bedeutung des Menschseins bezogen werden. Auf den Wert des Wissens bei alten Menschen und auf den Wert der emotionalen Kraft der Lebensfreude und der Kraft des Lebendigen an sich bei den Kindern. Ein Mensch ist wertvoll, egal, ob er unter zehn oder über hundert Jahre alt ist. Jenseits aller wirtschaftlichen Überlegungen zur Optimierung unseres Gesundheitssystems stellt gute Lebensqualität sowohl für den einzelnen Menschen als auch für die Gesellschaft das höchste Gut dar. Alter darf kein negatives Auswahlkriterium werden, sonst steht irgendwann Artikel 1 unseres Grundgesetzes zur Disposition: „Die Würde des Menschen ist unantastbar."

Erfahrung, Bildung und Wissen der Alten bereichern unsere Kultur: Sie sind das Bindeglied zur identitätsstiftenden Vergangenheit und zu den Traditionen, ohne die wir die Zukunft nicht gewinnen können. Wir stehen sozusagen auf den Schultern dieser Menschen, diesen Aspekt sollten wir bei unserer Fürsorge für sie nicht vergessen. Auch aus tiefer Dankbarkeit.

Alte Menschen sollten auch schon deshalb wieder stärker in unsere Gemeinschaften integriert werden, weil sie viel mitzuteilen, mitzugeben oder einzubringen haben. Das ist so unbezweifelbar, dass man höchstens fragen kann: Was wiegt eigentlich mehr, ihre Zeit, Wissen, Erfahrung, Erinnerung, ihre Gefühlswelt? Die Antwort darauf liegt auf den unterschiedlichsten Ebenen, je nach Person und ihrer Entwicklung. „Grau und schlau" ist daher der Name einer Initiative, von denen es inzwischen viele gibt. Ältere Menschen bringen ihre Erkenntnisse und Erfahrungen ein. Fachleute leisten als Senior-Experten Hilfe zur Selbsthilfe in Entwicklungsländern. Pensionierte Lehrer unterrichten in Sibirien, bilden Dozenten in Afghanistan aus oder unterstützen das Bildungswesen in Kambodscha. Aber die umfassende Erfahrung Älterer sollte nicht nur in fernen Ländern genutzt werden. Wir hierzulande sind selber Entwicklungsland, wenn es darum geht, das großartige und brachliegende Wissen der Älteren zu nutzen.

Stabilität geben, Werte tradieren

Wir brauchen Menschen, die den Jüngeren das nicht kodifizierte Wissen über das Leben, Lebensformen, berufliche Techniken, historische Zusammenhänge, Religionen und Philosophien, Toleranz und Mitmenschlichkeit weitergeben. Und dabei ganz besonders das, was zwischen den Zeilen steht, was nicht in Büchern oder im Internet abrufbar ist. All das, was in Köpfen schlummert oder gar in den Händen, wie bei meiner Großmutter, bei Handwerkern oder Künstlern. Alte, oder sagen wir besser: reife Menschen, die gelassen und unaufgeregt zu erzählen, die zu mahnen und zu raten verstehen, sorgen für das überlebensnotwendige Innehalten in der Hektik der Konsumwelt. Wir können so viel von den älteren Generationen lernen, und unsere Gesellschaft müsste sich geradezu darum reißen, uns alle bis ins hohe Alter gesund zu halten an Körper, Geist und Seele!

Wenn ich mich einmal selbst – als Mensch im mittleren Alter – betrachte, dann bin ich mit etwa 50 Jahren für einen Zehnjährigen sicherlich schon uralt. Doch ich kann diesem Kind etwas Wichtiges mitgeben, wenn ich ihm zeige, wie gut es ist, unaufgeregt zu handeln.

Mit 50 Jahren habe ich begriffen, wozu Aufregung manchmal führt. Ich habe gelernt, wie wichtig die innere Ruhe ist und wie entscheidend es sein kann, Kraft zu tanken in der Ruhe, und welche Fehler man aus hektischer Betriebsamkeit sonst macht. Ich kann also mithelfen, wertzuschätzen und so Werte zu vermitteln. Natürlich sind Werte für mich nicht zementiert, und auch meine eigenen Werte müssen sich hinterfragen lassen. Werte sind weder ewig noch allgemeingültig, und sie sind zu jedem Zeitpunkt der Weltgeschichte zu hinterfragen, heute gerade auch in der Auseinandersetzung mit anderen Kulturen und Einflüssen. Hier liebe und lebe ich die chinesische Philosophie, die gesagt hat: „Das Alte mit dem Neuen verbinden". Das ist ein entscheidender Wert in Zeiten unübersichtlicher Umbrüche.

Gesellschaftliche Stabilität

Alte Menschen können unserer Gesellschaft Stabilität geben. Die Halbwertszeit des speziellen Wissens verändert sich rasant. Was heute richtig ist, ist morgen überholt. In der Fähigkeit, Neues schnell zu lernen, sind jüngere Menschen den älteren vermutlich überlegen. Wenn man aber so etwas wie Wertereflexionskraft in den Arbeitsprozess und in die Entscheidungen unserer Gesellschaft einbringt, das allgemeine Wissen um Zusammenhänge, dann kann ein alter Mensch häufig eher etwas Wichtiges beitragen als ein junger, der sich eher an zweckgerichteten ökonomischen Prozessen orientiert. Dadurch erweitern wir alle unsere eigenen begrenzten Möglichkeiten.

Bei Cicero heißt es in seinem Buch über Cato den Älteren: „Nicht Kraft des Leibes, nicht Gelenkigkeit oder Geschwindigkeit der Glieder vollbringt große Taten, sondern Einsicht, Erfahrung, Urteil; an diesen pflegen die Jahre uns nicht ärmer, sondern reicher zu machen." Nur ein altes Bildungsgut? Was heißt das heute? Dazu ein ganz alltägliches Beispiel aus dem eigenen Betrieb: Wenn ich nicht meinen 68-jährigen Controller hätte, würde ich wesentliche Dinge vielleicht häufiger übersehen. Dieser Mann bringt nicht nur Ruhe und Bedachtsamkeit in den Betrieb, er bringt auch Konzentration in der Sache. Die Generation zwischen 55 und 75 verfügt für Verwaltungs- und Leitungsaufgaben über ein hervorragendes Wissen und unschätzbare Erfahrungen. Menschen aus dieser Altersgruppe sollten in Verwaltungen, besonders in Verlagen, Technologiezentren und Serviceunternehmen, verantwortliche Verwaltungsaufgaben übernehmen oder gar in Geschäftsführungen tätig sein. Viele Pleiten von Jungunternehmen könnten vermutlich wirkungsvoll verhindert werden, wenn wir das Know-how der älteren Generationen im Management nutzen und es nicht ohne Not brachliegen lassen. Der Bildungswissenschaftler und Altersforscher Paul Baltes hat kürzlich darauf hingewiesen: Belegschaften, in denen Ältere fehlen, sind schlichtweg verarmt. Ihnen fehlt nicht nur sachliche Erfahrung, sondern auch emotionale Intelligenz.

Das gilt genauso umgekehrt: Schulen beispielsweise, die jahrelang unter Einstellungsstopp leiden, fehlt das kreative, jugendliche Element des Infragestellens und Begeisterns. Wir brauchen ein Bündnis der Generationen, ein Bündnis von Dynamik und Erfahrung.

Die Forderung nach Beschäftigung älterer Menschen mag sich vor dem Hintergrund der hohen Arbeitslosigkeit zunächst merkwürdig anhören. Man könnte fragen, ob ich das alles nicht zu rosig und idealistisch sehe. Nein. Ich bin von dem vorgeschlagenen Weg überzeugt. Mich stört es gewaltig, dass meine Forderungen nach einer Arbeitsplatzoffensive in der Boombranche unserer heutigen Zeit, der Gesundheitswirtschaft, nicht entschlossen aufgegriffen werden. Aus Krankenhäusern ließen sich zum Beispiel Hotels mit Restaurants und Fitness- oder Wellnesszentren, Altenbegegnungsstätten oder Netzwerke der regionalen Kinder- oder Altenbetreuung konzipieren. Hier hätten Menschen der älteren Generation hervorragende Betätigungsmöglichkeiten, etwa bei der Konzeption und dem Management solcher Zentren. Ebenso wie bei der Entwicklung und dem Betrieb von lokalem Krankenhaus-Gesundheits-Fernsehen und kulturellen Aktivitäten, als Betreuer für Gäste, Patienten, Kinder oder nicht mehr so mobile Altersgenossen, als Seniorchefs, in der Verwaltung, in der Schreinerei, als besonders qualifizierte Seniorenberater qua eigenen Alters usw. Wir könnten die Gesundheitswirtschaft als Boombranche begreifen und die Chancen nutzen! Der kreativen Phantasie sind keine Grenzen gesetzt. Gesundheitswirtschaft als gesellschaftliche Kraft gegen Arbeitslosigkeit! Neue Arbeitsplätze refinanzieren das Gesundheitswesen!

Entwicklung hört nie auf

Von meinem Vater habe ich etwas Wichtiges gelernt, als er alt war. Zum Beispiel: dass er sich entschuldigen konnte für Dinge, die er früher in guter Absicht falsch gemacht hat. Von ihm habe ich gelernt: Entwicklung hört nicht auf. Man kann persönliche Einstellungen immer korrigieren, und bis zur letzten Sekunde des Lebens kann man sich auch entschuldigen. Ich habe nicht nur aus diesem Beispiel gelernt, dass auch im Alter eine Entwicklung möglich ist. Sondern generell, dass man auch im hohen Alter noch lernen kann. Die pauschale Ansicht, dass die Leute im Alter starr würden, dass der Charakter sich dann erst richtig festsetzt, man sozusagen verkalkt, ist falsch.

Aber ich habe auch diese Schlussfolgerung für mich persönlich gezogen: Wir müssen aufpassen, dass wir nicht unsere Fehler und auch die Fehlerhaftigkeit unserer Welt, die ja immer die Welt von gestern war, übertragen auf unsere Kinder. Wir müssen mithelfen, dass die Kinder sich anders und frei bewegen können. Und alle sollten lebenslang lernen dürfen.

Man muss jung anfangen mit dem Altwerden

Unsere Haltung dem Alter gegenüber fordert uns zur Verantwortung gegenüber dem eigenen Leben auf: Die alten ayurvedischen Ärzte haben Recht, wenn sie sagen: Wir können auch im Alter gut leben, wenn wir die rechte Lebenskultur praktizieren und beweglich bleiben. Deswegen ist das körperliche Bewegen so wichtig, weil ich durch die körperliche Bewegung auch im Kopf beweglich bleibe. „Turne bis zur Urne" eben. Wir wissen heute, dass das Gehirn wachgehalten und in allen Bereichen stimuliert wird, wenn ich differenzierte Bewegungen mit den Händen mache, ob ich nun Klavier oder Gitarre spiele, ob ich golfe oder kegle oder am Computer sitze und schreibe und mich mit geistigen Fragestellungen auseinandersetze. Wichtig sind koordinierte Bewegung, Entspannung und Konzentration. Wie wichtig auch geistige Beweglichkeit im Alter ist, hat mein eigener Vater gezeigt. Er hat sich bis ins hohe Alter mit seiner Umgebung auseinandergesetzt und ist damit bis zu einem Jahr vor seinem Tod hochdifferenziert und fit gewesen. Auch in dieser Hinsicht hat er uns Kindern viel mitgegeben.

Wir können also vorsorgen. Das Alter wird durch eine lebendige, bewegliche Art der Lebenskultur erleichtert. Wenn ich sage: Wir sind lebenslang für uns selbst verantwortliche Personen, dann betrifft dies nicht nur die ökonomische Seite der Vorsorge. Es ist auch eine Haltung, die die Lebensgestaltung und die Lebensführung angeht. Fred Astaire, der berühmte Tänzer, hat es einmal auf den Punkt gebracht: „Mit dem Alter ist es wie mit allem. Man muss jung damit anfangen, um erfolgreich zu sein."

Diese Vorsorge für das Alter liegt in der Verantwortung jedes Einzelnen. Aber sie betrifft auch die Gemeinschaft aller.

Beschwernisse des Alters

Natürlich gibt es auch große gesundheitliche Probleme im Alter. Und diese Probleme werden in unserer Gesellschaft zunehmen. Dazu eine Binsenweisheit vorweg: Degenerative Prozesse im Gehirn können in allen Lebensaltern auftreten. In höheren Jahren aber häufen sich die Fälle. Und da immer mehr Menschen immer älter werden, ist davon ein wachsender Bevölkerungsteil betroffen.

Ein Beispiel: Kürzlich machte ich einen Besuch bei einem meiner Patienten. Er war über 80 Jahre alt und seit Monaten nicht mehr in der Lage, außer Haus zu gehen. Seine Frau war sehr besorgt über den zunehmenden Verwirrtheitszustand ihres Mannes, der auch bettlägerig wurde. Er konnte nur noch unsicher und mit Unterstützung gehen. Wenn man ihm helfen wollte oder länger auf ihn einsprach, wurde er aggressiv und schlug um sich.

Ich war erschrocken, denn ich kannte ihn seit vielen Jahren als einen lebenslustigen, tatkräftigen Mann, der trotz zunehmender körperlicher Gebrechen und Schmerzen immer einen relativ fröhlichen Eindruck machte. Aber in welch desolatem Zustand war er jetzt! Er erkannte mich nicht mehr und erzählte konfuse Geschichten. Als seine Frau auftauchte, reagierte er erregt und bösartig, fast tobsüchtig. Seine Frau war mit der gesamten Situation überfordert und fing an zu weinen. Unter Tränen erzählte sie, dass ihr Mann häufig nicht einmal mehr sie erkenne.

Dies ist kein Einzelfall. Der erwähnte Patient litt unter einer extrem schnell fortschreitenden Alzheimererkrankung. Demenzerkrankungen, Schlaganfälle, Alzheimer und alterspsychologische Erkrankungen nehmen mit wachsender Lebenserwartung zu, ohne dass wir in unseren Familien darauf vorbereitet sind. Unsere medizinischen Strukturen sind hoffnungslos überfordert. Viele Ärzte und Krankenschwestern sowie anderes medizinisches Personal sind nicht wirklich auf dieses spezielle Krankheitsbild eingestellt. Die auseinander brechenden Familienverbände verschärfen das Problem. Zahlreiche alte Menschen leben – oft verwitwet – isoliert als Single zu Hause.

Neue Hirnzellen durch Bewegung

Wir müssen alles tun, um die Beschwernisse des Alters zu erleichtern und die Probleme so anzugehen, dass ein Altern in Würde möglich ist. Und das ist – wie gesagt – eine Aufgabe, die die ganze Gesellschaft angeht.

Und gerade neueste Forschungen lassen uns hoffnungsfroh werden. Studien aus Harvard zeigen, dass sich offenbar neue Nerven- und Gehirnzellen bilden können, wenn wir uns neuen Reizen aussetzen. Ein altes Dogma fällt endlich, nämlich dass unser Gehirn mit dem Altersprozess schrumpft. Das Gegenteil stimmt. Wenn wir zu einem bestimmten Zeitpunkt im Leben – gerade auch hochbetagt – anfangen, eine neue Sache zu lernen, eine Sprache oder Instrument beispielsweise, wachsen auf einmal neue Nervenzellen im Gehirn und vernetzen sich mit bestehenden Hirnarealen. Ist das nicht wunderbar? Auch für die Medizin. Und anstatt nur Medikamente zu entwickeln, die den Zerfallsprozess im Gehirn beispielsweise bei Demenz oder Alzheimer bremsen, wäre es doch auch wichtig und sinnvoll, den Aufbau von Zellen zu stimulieren: durch Hirntraining, Ernährung und Bewegung. Mit dann vielleicht zusätzlich gezielter Unterstützung durch eine das Nervenwachstum stimulierende Therapie.

Wir sollten also nie aufhören, intensiv Neues zu lernen und uns zu bewegen!

Die ganze Gesellschaft ist gefordert

Wir brauchen integrierte Strukturen, aufgeklärte Familien, gerontopsychiatrische Pflegedienste, viele gerontologische und gerontopsychiatrische Abteilungen in den Krankenhäusern und Altersheimen. Warum strukturieren wir Krankenhäuser nicht um, statt sie zu schließen oder auch nur einzelne Abteilungen dicht zu machen? Mit großer Dankbarkeit nähmen Betroffene und deren Angehörige ein solches Netzwerk von stationärer, ambulanter und Altenheimversorgung direkt beim Krankenhaus an.

Das alles ist teuer, um der Menschen willen aber ohne Alternative. Unterlassene Hilfeleistung ist strafbar. Gleiches gilt für die High-Tech-Medizin, die den Alten nicht vorenthalten werden darf, im Gegenteil: Gerade bei ihnen sind damit große Erfolge bei geringen Belastungen zu erzielen. Insbesondere die nicht-invasiven Verfahren oder die sanften Verfahren der Schulmedizin oder auch Naturheilverfahren sind hier bedeutsam – sowohl zur Diagnostik und Behandlung als auch zur Nachsorge und Rehabilitation.

Natürlich ist es auch für alte Menschen wichtig, leichte Schmerzen und Beeinträchtigungen akzeptieren zu lernen. Auf der anderen Seite sollten diese im Sinne einer möglichst hohen Lebensqualität auch im Alter auf ein erträgliches Maß reduziert werden, was heute mit einfachen Mitteln möglich ist. Dabei könnte der Hausarzt eine wichtige Rolle spielen, genauso wie bei der Hilfe zur Selbsthilfe, auch für Angehörige, und bei der Vorbeugung von Isolation im Alter. Dies sind wesentliche Aufgaben und Herausforderungen für fortschrittliche zukünftige Gesundheitssysteme.

Die Forschung ist gefragt

Die Forschung stellt sich ihrer Aufgabe. Dazu nur ein einziges Beispiel: Zunehmend gelingt es, mit Hilfe der Kernspintomographie Gehirnfunktionen zu messen; vom kürzlich in Magdeburg installierten stärksten Tomographen Europas werden da weitere Aufschlüsse erwartet. Dieses Verfahren – auch „Functional Brain-Mapping" oder „functional Magnetic Resonance Imaging" (fMRI) genannt – eignet sich dazu, funktionelle Abläufe des Körpers im Gehirn sichtbar zu machen, ohne dass der Patient dabei berührt werden muss. Neuere Einsätze befassen sich mit Gefühlsregungen und Denkprozessen. Eine Tübinger Arbeitsgruppe beschäftigt sich mit dem Phänomen der Angst und ihrer Verarbeitung im Gehirn. Auch versucht man, mittels MRT chemische Verbindungen im Gehirn nachzuweisen, die auf das Entstehen von Alzheimer hinweisen. Diese für alle Beteiligten unerhört belastende Krankheit würde dann früher behandelbar und vielleicht sogar aufzuhalten sein. Die Forschungen scheinen vielversprechend zu sein.

Neben Forschung und Hochleistungsmedizin benötigen wir unbedingt und ganz notwendig die Weiterentwicklung der Altersmedizin (Gerontomedizin) und ein differenziertes Versorgungsnetz für Essen, Pflege und Sozialleben alter Menschen. Neue Formen des Zusammenlebens sind notwendig, aber auch die Reaktivierung von Familien gehört zu einem solchen Programm. Wir müssen das Alter kultivieren und fördern, nicht zuletzt für uns selbst, da wir ja über kurz oder lang ebenfalls dort ankommen und würdig bis zum Tod leben wollen! Das wäre ein wesentliches Element der „ars vivendi et moriendi".

Bessere Verhältnisse schaffen

Ich hoffe sehr, dass die Gesellschaft begreift, dass sie in sozialer Kälte erstarren würde, gäbe es das selbstlose Engagement vieler Menschen nicht, die sich ehrenamtlich für alte Menschen einsetzen. Ich werde im letzten Kapitel noch ausführlicher auf die Bedeutung von lokalen und kommunalen Netzwerken eingehen. In solchen Netzwerken können gesunde oder kaum eingeschränkte alte Menschen Aufgaben finden und den weniger gut über die Runden gekommenen Mitalten solidarisch und mitmenschlich zur Seite stehen. Bewusst altern heißt auch, sich den Blick für die anderen bewahren und füreinander einstehen.

Daher sollte man sich in der überschaubaren Gemeinschaft der Menschen, die einem selber am wichtigsten sind, erst einmal für sich und dann mit Frau, Mann oder Kindern, aber auch zusammen mit Freunden, überlegen: Was soll im hohen Alter passieren? Wenn man, so wie ich selber, Fünfzig ist, ist es vielleicht doch Zeit, damit anzufangen. Ich diskutiere mit meiner Familie schon lange darüber: Was werden wir einmal machen? Wie gestalten wir unser Umfeld in zehn bis zwanzig Jahren? Bleiben wir hier wohnen oder nicht? Damit muss man sich auseinandersetzen. Wenn dies in einer „Community" geschieht, kann man das wunderbar auch mit anderen zusammen organisieren und so auch für neue Verhältnisse in der Gesellschaft sorgen. George Bernard Shaw hat einmal gesagt: „Diejenigen, die in der Welt vorankommen, gehen hin und suchen sich die Verhältnisse, die sie wollen, und wenn sie sie nicht finden können, schaffen sie sie selbst." Das gilt auch für die Frage: Was mache ich im Alter? Sie ist eine Herausforderung an die eigene Phantasie, an die Klärung der eigenen Vorstellung vom Leben und an die eigene Initiative.

Wer sich so vorbereitet, für den ist die Vorschau auf das eigene Alter nicht angstbesetzt, der starrt nicht auf eine immer größere Verarmung. Es ist die Erwartung eines größeren Reichtums.

Die Insel der Hundertjährigen

Es geht auch anders: Beispiel Japan. Ich bin total fasziniert von der „Insel der Hundertjährigen" im Archipel von Okinawa, einem subtropischen pazifischen Eiland, auf dem 630 Menschen von 1,3 Millionen Einwohnern über hundert Jahre alt sind. Nirgendwo werden Menschen älter, schon gar nicht in Gemeinschaften. Ein Drittel dieser „Alterstars" kommt täglich ohne Hilfe aus, das andere Drittel braucht nur leichte Unterstützung. Diabetes oder Schlaganfall wie Herzinfarkt oder Krebs sind auf dieser Trauminsel genauso selten wie Alzheimer oder Demenz. Die meisten dieser alten Menschen arbeiten noch. Viele auf dem Markt oder in Geschäften und selbst noch bei Verlagen oder Zeitungen als Redakteure. Nirgendwo sind alte Menschen so fröhlich und gesellschaftsprägend wie dort. Um das Geheimnis des langen Lebens auf Okinawa bemühen sich zunehmend viele Alters- bzw. Anti-Aging-Forscher. Es ist bisher nicht gelüftet. Aber eins scheint klar zu sein: Die Haltung der Menschen von Okinawa, die Welt gemeinsam mit alt und jung harmonisch, fröhlich, mutig und aktiv zu gestalten, mit 91 noch einen neuen Job anzufangen, mit 100 noch am Leben seiner 20 oder 30 Enkel teilzunehmen und nebenher täglich auf dem Markt Fische zu verkaufen, dürfte ein wesentlicher Schlüssel zum Geheimnis des gesunden und langen Lebens sein. Natürlich sind auch die Gene und die gesunde Ernährung, bestehend aus Meeresfrüchten, Fischen, Algen, Tofu und Zitrusfrüchten, wesentliche Elemente eines erfüllten

und langen Lebens. Die wenigsten Menschen auf Okinawa leiden an Übergewicht oder konsumieren übermäßig Alkohol und
Rauchwaren. Stattdessen trinken sie täglich Jasmintee, der noch
viel stärker antioxidativ wirkt als grüner Tee, und verbrauchen
viel Gelbwurz (Curcuma).

Das Geheimnis eines Alten

In meinem Buch „Mensch bleiben" habe ich ein Erlebnis beschrieben, das ich kurz noch einmal schildern möchte, weil es
mich so nachdrücklich beeindruckt hat: Vor vielen Jahren machte ich mit meiner Frau und Freunden Urlaub in Norwegen. Wir
fuhren quer durch dieses wunderschöne Land mit den unendlichen Wäldern, kristallklaren Flüssen und weit ins Land gefräs-
ten Meeresarmen bis zu einem entlegenen Fjord. Der Bauer, der
die Hütte vermietet hatte, erzählte uns vom Land und von den
Menschen mit ihrer Kultur und Geschichte und von den Wikin-
gern, die hier gelebt hatten und zu Entdeckungsreisen über den
Atlantik nach Amerika aufgebrochen waren. Ihre seetüchtigen
Schiffe bauten sie mitten in den Wäldern. Noch heute werden sie
nachgebaut. Das faszinierte uns.

Tief in den Wäldern Norwegens, rund fünfzig Kilometer vom
Meer entfernt, fanden wir dann nach den Angaben unseres Wir-
tes die Stelle, an der die historischen Wikingerschiffe gebaut
wurden. Es war weniger das Handwerkliche, das mich so tief be-
eindruckte, sondern vielmehr der Mensch, dem ich hier begeg-
nete. Es war ein grauhaariger älterer Mann, der mit Lebenslust
und Energie an einem Boot zimmerte. Kräftig gebaut, athletisch
und geschmeidig in seinen Bewegungen, schwang er den Ham-
mer und arbeitete mit dem Meißel in der anderen Hand. Stück
für Stück wurde die Oberfläche eines riesigen Holzstamms, der
schon Schiffsform angenommen hatte, bearbeitet. Der Mann erzählte uns ausführlich von der alten Kultur und dem Aufbruch
der Wikinger aus den Urwäldern Norwegens.

Dieser Hüne von Mensch war begeistert von seiner täglichen Arbeit und fühlte sich als Bindeglied zwischen der Vergangenheit und der Gegenwart. Er war stolz auf diese Arbeit, und sein ganzer Körper, seine Gesten sowie das Leuchten in seinen Augen sprachen für sich. Er wirkte sehr jugendlich, in Kraft und Ausdruck wie einer von uns. Vom Aussehen schätzte ich diesen Mann auf 50 bis 60 Jahre. Aber er war 92 Jahre alt – und doch so jung! Ich war ergriffen von dieser Verbindung von Weisheit und Kraft. Er erzählte mir, dass er seit seiner Jugend diese Arbeit in den Wäldern verrichte und dass sie ihm immer viel Freude gemacht habe. Seit seinen Anfängen gelinge ihm jedes Boot schöner und größer, der Transport gehe immer flotter vonstatten. Außerdem erlebe er die Ruhe der Wälder, die Andacht seines Handwerks und Gespräche wie die mit uns mit großem Gewinn. Das Geheimnis seiner Jugend waren offenbar Arbeit, wachsendes Wissen und zunehmende Gelassenheit den unwichtigen Dingen des Lebens gegenüber. Es ist wunderbar, in hohem Alter so kraftvoll und präsent zu sein. Natürlich ist dies nicht nur durch eigene Aktivität zu erreichen, sondern auch eine Gnade und ein großes Geschenk.

„Es dauert sehr lang, bis man jung ist"

Es gibt durchaus Grund, zuversichtlich in die eigene Lebenszukunft zu schauen. Die Zeit des Alters wird immer mehr zu einer positiven und aktiven Phase. Sie bietet vielfältige Möglichkeiten, nicht nur, um am Leben der Gemeinschaft teilzunehmen, sondern auch im Hinblick auf die eigenen Möglichkeiten des Individuums. Wir werden in Zukunft hoffentlich mehr würdigen und erkennen, welche Reichtümer das Alter für uns selbst und für die Gesellschaft bereit hält: Mit 50 oder 90 sich frisch verlieben, mit 60 ein neues Cabrio anschaffen, mit 70 das Internet entdecken und mit 80 ein Buch schreiben, mit über 80 in Talkrunden sitzen, wie unsere ehemaligen Bundespräsidenten Scheel oder von Weizsäcker, und mit 100 Konzerte geben wie Joopi Heesters. Michelangelo und Tizian malten ihre bedeutendsten Werke mit weit über 80, Goethe schrieb die letzten, bis heute frischen Verse von Faust II mit knapp 82. Und damals war die Medizin kaum über das Stadium der „Barfußmedizin" hinausgekommen.

Alter ist auch eine kreative Zeit. Bei Künstlern spricht man vom Altersstil als einer eigenen Phase mit einer ganz neuen Ausprägung individueller schöpferischer Möglichkeiten. Picasso hat in hohem Alter zu einem ganz neuen Stil der Einfachheit gefunden. Von ihm stammt auch der Satz: „Es dauert sehr lange, bis man jung ist." Das heißt: Man muss vieles wieder mühsam verlernen, was man sich antrainiert hat. Man gewinnt eine neue Naivität, möglicherweise auch eine neue Leichtigkeit des Seins, wenn man den Stress der beruflichen Existenz hinter sich lässt. „Die schwersten Jahres des Lebens sind die zwischen Zehn und Siebzig", hat mir einmal eine sehr alte Dame gesagt. Vieles relativiert sich, rückt in ein neues Licht.

Man nimmt, wenn man älter wird, die früheren Erfahrungen mit. Die verliert man ja nicht. Die trägt man mit und sie werden erstaunlicherweise auch immer wieder ausgegraben. In der Auseinandersetzung zwischen den Generationen erfährt man das durchaus positiv. Und deswegen ist es so wichtig, dass Alt und Jung sich auseinandersetzen, dass Alt und Jung zusammenfinden nicht nur im gemeinsamen Handeln, sondern auch im gemeinsamen Durchdenken und Durchleben gemeinsamer Themen. Das gilt sowohl im Persönlichen als auch in der Freizeit. Solche Auseinandersetzung trägt dazu bei, dass die nächste Stufe der Erkenntnis erreicht wird. Was wäre ich ohne die tägliche Kommunikation mit der Jugend, besonders mit meinen Kindern?

Und wenn dann noch die innerliche Ruhe dazukommt, glaube ich, kann das geschehen, was die alten Meister in allen Religionen und Kulturen immer wieder als Kern der Weisheit thematisiert haben: Dann kann und wird ein richtiger Erkenntnissprung stattfinden.

Das Puzzle fügt sich zum Ganzen

Einer der „alten Meister", der Philosoph Ernst Bloch, hat es einmal so gesagt: Im Alter haben wir die Chance zu mehr *eigenwilligem* Leben. Wir können ohne gemeine Hast das Wichtige sehen, das Unwichtige vergessen. Ich stimme dem zu.

Es fokussiert sich. Ich merke es bei mir selber, je älter ich werde: Ich trenne inzwischen schärfer zwischen wichtig und unwichtig, ich filtere Unwesentliches aus. Man erfährt einerseits die eigene Begrenztheit, man hofft zwar immer noch auf Unendlichkeit, aber sieht und akzeptiert die eigenen Grenzen und fragt nach dem, was für einen selber zum Kern gehört. Diese Entwicklung zu zunehmender Konzentration und klarer werdender Unterscheidung erfahre ich als sehr positiv. Für mein eigenes Leben gilt: Ich gehe weiter unbefangen in die Welt und sammle neue Eindrücke und Erfahrungen. Dann fügt sich wieder etwas, und ich hoffe darauf: auf einmal macht es „Klick".

Und so finde ich es wunderbar, immer älter zu werden, weil jeden Tag etwas Neues kommt. Es ist wie ein Puzzle, es ordnen sich die kleinen Einzelteile. Vorher macht man das und jenes, die verschiedensten Dinge, man setzt sich mit tausend Problemen und Fragen auseinander, und auf einmal wird das runder und runder, man hat das Gefühl: Du kommst langsam dem Sinn des Lebens näher. Das Leben wird wesentlicher, die Quintessenz des Lebens wird deutlicher.

Manchmal zweifle ich auch, ob mir der Sinn je erschlossen wird. Vielleicht müssen wir dazu ja auch erst mehrere Leben leben und das Leiden überwinden, wie der Buddhismus es lehrt. Aber trotzdem ordnet sich immer mehr. Und deswegen bin ich dankbar für jeden Tag, an dem ich wieder aufs Neue hinterfragen kann, aufs Neue verwerfen kann und so dem Zentrum der Fragen immer näher komme.

Das Bewusstsein des Todes, das oft als zentral in der Begegnung mit dem Alter gesehen wird, erschreckt mich nicht. Durch die Nahtoderfahrung, die ich gemacht habe, hat die Vorstellung von Sterben und Tod ihre bedrohliche Qualität verloren.

Am Ende des Alters steht natürlich der Tod. Für mich bedeutet er einen Übergang. Ich sehe ihn weder als Höhepunkt meines Lebens noch als Bedrohung des Eigentlichen, er gehört dazu. Dass wir ihm im Prozess des Alterns lebensgeschichtlich näherkommen, das schärft den Blick für den Zusammenhang des ganzen Lebens. Das Alter bietet uns aber gleichzeitig auch die Chance, das Gesamte zu erfassen und den Sinn unseres Lebens als Menschen auf dieser Erde zu verstehen. Diese Sichtweise bringt mir Gelassenheit und Ruhe auf der einen Seite und die Kraft zur Intensivierung, ja sogar zur Beschleunigung dessen, was mir wichtig ist, auf der anderen Seite. Das habe ich auch beim Tod meines Bruders erlebt. Wenn es morgen zu Ende sein kann, dann muss ich heute zusehen, dass ich meine Aufgabe jetzt und heute noch ein Stück weiterbringe, dass ich also noch ein Pflänzchen in die Erde bringe. Leben wird dadurch nicht hektischer, sondern intensiver. Es geht darum, das Feld zu bestellen und den Garten zu gestalten. Wenn jemand einwendet: Die Zeit schwindet doch! Dann sage ich: Gerade deswegen! Genau deswegen ist gerade jetzt höchste Zeit zu handeln. Denn unsere Verantwortung geht weiter.

Mein persönliches Interesse ist es, ein im Wortsinn gesegnetes Alter zusammen mit den Menschen zu erreichen, die ich lieb habe oder die mir nahe stehen, und auch mit 85 Jahren noch so vital und wach zu sein wie mein Vater, der bis zu seinem 82. Lebensjahr immer noch einige Stunden am Tag arbeitete. Wenn möglich, möchte ich 100 Jahre alt werden, mit klarem Verstand also noch 50 Jahre leben. Denn ich liebe das Leben.

Wir Menschen entscheiden nicht, wann wir diese Welt betreten oder verlassen, aber wir haben alle Möglichkeit und Verpflichtung, durch unsere Existenz das Leben sorgsam zu pflegen und zum Blühen zu bringen, so wie es der Gärtner mit seinen Blumen und Pflanzen tut.

Ich möchte ohne Schmerzen und, wenn denn nicht anders möglich, wenigstens mit erträglichen Gebrechen leben. Wenn ich „klapprig" werde, möchte ich die Unterstützung einer hochdifferenzierten Medizin bekommen, die mich auch im hohen Alter als Menschen wahrnimmt. Und ich möchte jemanden, der mich in die Arme nimmt und hinüberbegleitet, auch wenn ich verwirrt sein sollte. Ich möchte nicht durch Sterbehilfe umgebracht werden, weil das System aus Kostengründen versagt hat.

Und vor allem möchte ich mich an diesem einzigartigen und leider viel zu kurzen Dasein bis zum letzten Atemzug freuen. In tiefem Respekt vor dem Gesamtkunstwerk: Leben!

Ein wunderbares Gedicht von Albert Schweitzer trifft es genau:

Bewahre das Alter

Jugend ist nicht nur ein Lebensabschnitt –
Jugend ist ein Geisteszustand.
Sie ist Schwung des Willens,
Regsamkeit der Fantasie,
Stärke der Gefühle,
Sieg des Mutes über Feigheit,
Triumph der Abenteuerlust über die Trägheit.

Niemand wird alt,
weil er eine Anzahl Jahre hinter sich gebracht hat.
Man wird nur alt,
wenn man seinen Idealen Lebewohl sagt.
Mit den Jahren runzelt die Haut,
mit dem Verzicht auf Begeisterung
aber runzelt die Seele.

Du bist so jung wie deine Zuversicht,
so alt wie deine Zweifel.
So jung wie dein Selbstvertrauen,
so alt wie deine Furcht.
So jung wie deine Hoffnungen,
so alt wie deine Verzagtheit.

Solange die Botschaften der Schönheit,
Freude, Kühnheit und Größe und Gefühle dein Herz erreichen,
solange bist du jung!

Leben ist etwas Wunderbares – und zwar Leben bis zuletzt

„Dieses Leben ist eines der schönsten"

Die Kunst zu leben – die Kunst zu sterben

Vor Jahren feierte ich mit einer guten Bekannten Silvester. Sie schien von ihrem Tumor geheilt, alles schien gut. Sie freute sich ihres neuen Lebens, und wir wollten das auch zusammen feiern. Wir standen mitternachts am Fenster, bewunderten das Feuerwerk und prosteten uns zu. Ich sehe diese alte Dame noch vor meinen Augen, als sie sagte: „Es wäre wunderbar, wenn das Leben so zu Ende gehen könnte!" In diesem Moment fiel sie tot um. Der Krebs war geheilt, aber ihr Herz hatte versagt. Ich konnte ihr nicht mehr helfen und weinte. Aber in mir war nicht nur der Schmerz, gleichzeitig war ich froh über ihren schönen Tod. Dieses Erlebnis gehört zu meinen einschneidenden Erfahrungen: Ich muss als Arzt zwar gegen Krankheiten kämpfen, aber dabei doch immer für das Leben. Und dabei muss ich immer wieder demütig anerkennen: Über die letzten Fragen entscheide ich nicht.

„Das Leben kann, je nachdem, wie wir es leben, kurz oder lang sein", sagt Paulo Coelho in seinem Buch „Der Dämon und Fräulein Prym". Ich möchte es hier noch einmal wiederholen: Es gibt Jugendliche, die mit zwanzig so gut wie leblos sind. Und es gibt Greise, die innere Lebendigkeit versprühen. Nicht die Länge eines Lebens macht die Lebensqualität aus. Leben ist ganzheitlich. Es ist Leben bis zum Ende. Und guter Lebensqualität bedarf auch der Sterbende, noch in der letzten Minute. Die Kunst zu leben und die Kunst zu sterben hängen deswegen ganz eng miteinander zusammen.

In meinem eigenen Leben gab es zwei einschneidende Erlebnisse:

In den Bergen bin ich einmal aus großer Höhe abgestürzt, über 10 Meter. Ich wusste beim Absturz, dass es gleich vorbei sein könnte. Mein Leben zog noch einmal an mir vorbei, wie in einem Film, ganz intensiv. Und es schoss mir im Bruchteil einer Sekunde durch den Kopf: So ein Mist, es ist zu Ende, wie wunderschön ist es doch gewesen …

Auch einen schweren Motorradunfall habe ich hinter mir. Auch damals habe ich mich vom Leben verabschiedet. Mein Gedanke beim Sturz, als ich meterweit durch die Luft geschleudert wurde und wusste, ich werde gleich aufprallen: Es ist vorbei. Leben ist so schön …

Ich bin nicht zu Tode gekommen. Ich dachte nur: Toll, du lebst ja noch! Ein Gefühl tiefster Dankbarkeit. Eine wunderbare Erfahrung, die meinem Leben eine ganz andere Tiefe gegeben hat. Und ich bin mir sicher, solche Augenblicke haben die meisten einmal in ihrem Leben. Seit dem ersten Unfall habe ich gelegentlich Hüftprobleme. Aber das Entscheidende ist etwas anderes, Positives: Mein Leben ist seither nicht mehr das gleiche. Und auch meine Einstellung zum Tod nicht.

Flucht hilft nicht

Es gibt nicht nur die Todessucht, die vom Leben entfremdet. Auch die Angst vor dem Tod entfernt uns vom Leben.

Eine im Orient berühmte Geschichte erzählt davon, wie man dem Tod in den Arm läuft, gerade indem man vor ihm flieht:

Ein Kaufmann in Bagdad schickte seinen Diener mit einem Auftrag zum Basar. Der Mann kam blass und zitternd vor Angst zurück: „Herr, mir ist auf dem Markt der Tod begegnet, der auf mich zeigte. Bitte gebt mir ein Pferd, dass ich nach Samarra reiten kann, um mich möglichst weit von ihm zu entfernen."

Der Kaufmann, der seinen Diener liebte, gab ihm sein schnellstes Pferd. Später ging der Kaufmann selbst auf den Basar. Er sah den Tod in der Menge, ging auf ihn zu und fragte: „Warum hast du heute meinen Diener bedroht?" Der Tod entgegnete: „Ich habe ihm nicht gedroht. Ich bin nur erstaunt zusammengefahren, weil ich ihn hier in Bagdad traf. Mir hatte man nämlich bedeutet, dass ich ihn heute Abend in Samarra treffen würde."

Die Geschichte macht deutlich: Viele Menschen haben solche Angst zu sterben, dass ihr ganzes Leben darauf ausgerichtet ist, den Tod zu vermeiden und sie dabei nie richtig leben. Sie sind tot, mitten im Leben.

Todesverdrängung ist eine Form der Todesangst. Denn nichts ist für jeden von uns sicherer als die Tatsache, dass wir alle sterben werden.

„Was du tust, tue es klug und bedenke das Ende". Das ist die Lebensweisheit der Antike: „Quidquid agis, prudenter agas et respice finem."

Und ich habe schon den Psalm 90 zitiert, der in der Bibel steht: „Lehre uns bedenken, dass wir sterben müssen, auf dass wir klug werden."

Hinter beiden Sätzen steht ein Lebenswissen, eine Erfahrung: Ich muss den Tod integrieren, um richtig leben zu können.

Lehre uns bedenken, dass wir sterben müssen

Nach dieser Einsicht lebe ich selber ganz bewusst. Ich lebe jeden Tag in dem vollen Bewusstsein, dass ich endlich bin. Jeden Tag weiß ich und mache ich mir bewusst klar: Ich kann *heute,* ich kann *im nächsten Augenblick* sterben. Der Tod gehört eben zu *diesem heutigen* Tag. Er gehört zu meiner Existenz dazu, er ist Teil meines Daseins. Nicht irgendwann in einer Zukunft, die ich ausblenden kann. Sondern immer schon. Er gehört zu meinem Leben. Er ist gegenwärtig.

Sich diese Gegenwart selber zu vergegenwärtigen, ist nichts Negatives. Im Gegenteil. Es ist eine Wahrheit unseres Lebens. Und es ist ein Teil der Lebenskunst, zumindest meiner. Ja, es ist sogar ihre Voraussetzung.

Wir leben alle auf ein Ende zu. Dieser Weg ist ein gemeinsames Schicksal, das uns alle verbindet. Sich das – für sich selbst und im Blick auf unsere Gemeinsamkeit mit anderen – bewusst zu machen – dieser Prozess steht bei jedem an, lebenslang. Am Anfang läuft solch ein Bewusstseinsprozess eher langsam, mit steigendem Alter aber immer schneller. Ein 15-Jähriger erfährt dies anders als ein 85-Jähriger. Je älter wir werden, desto intensiver merken wir, dass unsere Zeit verstreicht.

Das Wissen um die Sterblichkeit ins Leben zu integrieren, das meint nicht, Panik vor dem Ende zu erzeugen oder die Neigung zu verstärken, die Augen zuzumachen. Auch diese Bewusstwerdung ist ein dialektischer Prozess. Einerseits geht es darum, den Tod ins Leben zu integrieren, und andererseits auch, loszulassen in dem Gefühl: Es ist zwar schade, aber es ist ein Teil des Lebens.

Aber daraus kann die Haltung entstehen: Der Tod kommt auf mich wie auf alle Menschen zu, und deswegen ist er nichts Schlimmes. Das erleichtert auf der anderen Seite, das Leben zu lieben. Und es motiviert dazu, das zu verantworten, was man getan hat. Es erhöht den Anreiz, sich auch Rechenschaft abzulegen und bewusst zu leben. Es ist ein Anstoß, unsere Gemeinsamkeit mit anderen wahrzunehmen und uns ihnen intensiv zuzuwenden.

Das größte Geschenk unseres Lebens

Seit Jahrtausenden streiten die Philosophen schon darüber, was der Mensch ist. Und wir kennen uns immer noch nicht genügend. Wer sich nicht kennt, kann sich nicht selbst lieben. Wer sich nicht lieben kann, hat auch kein positives Verhältnis zum anderen. Jesus selbst forderte von uns schon vor über 2000 Jahren: Liebe den anderen wie dich selbst! Wir dürfen daher diese Frage „Wer ist der Mensch eigentlich?" nicht aus dem Blick verlieren, wenn wir über das richtige Leben und über die Kunst zu sterben reden wollen.

Unser *Leben ist ein Geschenk*. Und ich bin überzeugt, dass das größte Geschenk unseres Lebens ist, dass wir im Tiefsten nicht isoliert sind. Alle Seelen sind miteinander verbunden, davon bin ich fest überzeugt. Auch im Hier und Dort. *Ich bin ich* – aber dieses Ich ist nicht vereinzelt, eine in sich geschlossene Monade. Es gibt eine Verbundenheit der Seelen und gerade darin den Bezug auf einen Schöpfer, der existent ist und der Ursprung von allem.

Es gab Wissenschaftler, die die Seele mit ihren handfesten Mitteln suchen und dingfest machen wollten. Es gibt das berühmte Diktum eines Chirurgen, der gesagt hat, er habe viele Menschen operiert, aber nie eine Seele gefunden. Das scheint mir etwas zu einfach: Die Seele findet man nicht. Und wenn man noch so lange suchen wird, man wird sie nie finden. Alle im Moment stattfindenden Unternehmungen auf wissenschaftlicher Seite, in der Neurobiologie, Neuroradiologie, die auf der Suche nach der Seele sind und von der Annahme ausgehen, Gott sei nichts anderes als unsere Einbildung, sind zum Scheitern verurteilt. Wer das Gehirn als Maschine begreifen will oder gar behauptet, das Gotteszentrum im Gehirn in einem Kernspintomographen sichtbar gemacht zu haben oder wer das Gehirn an Maschinen anschließen will, um den Menschen zu manipulieren, wer den Menschen insgesamt als Maschine definieren will und auf diesem Denkweg eine Seele negiert und Gott grundsätzlich ausschließt, der irrt.

Körper, Seele und Geist – nicht zu trennen

Ich unterscheide begrifflich zwischen Körper, Seele und Geist: Das sind uralte Begriffe, die sich durch die Jahrtausende finden, wenn das Menschsein beschrieben wird. Und doch sind sie schwer zu definieren und wurden in der Geschichte auch immer wieder inhaltlich unterschiedlich bestimmt.

Was ist nun *Geist*? Für mich ist Geist der denkende und fühlende Mensch – im Gegensatz zur körperlichen Aktion, in der eine Materialisierung stattfindet. Der Geist formt sich sicherlich mit dem Körper, er wirkt wieder zurück auf den Körper, wie der Körper seinerseits auf Denken, Fühlen und Handeln wirkt. Ich spreche deshalb auch lieber und bewusst, um diesen Einklang zu bezeichnen und um dieses Ineinander-bezogen-Sein auszudrücken, vom *Körpergeist*. Dass die Trennung zu fatalen Irrtümern führen kann, zeigt die moderne Entwicklung, die die Medizin in körperorientierte und psychisch ausgerichtete Disziplinen trennt. Und die Politik degradiert uns Ärzte zu Funktionsmedizinern, die nur die Körper fließbandmäßig und schnell reparieren sollen.

Und *Seele*? Seele ist für mich das, was ich mitbekommen habe, was auch immanent da ist und auch in das Immerwährende zurückkehrt. Seele drückt für mich diese Verbindung zur Schöpfung, zu dem Gott – gemeint als nichtgeschlechtliches Wesen – aus. Sie bezeichnet für mich etwas, was immer da ist. Und ein beseelter Geist lässt uns beseelt handeln. Wobei man natürlich darüber streiten kann, ob ein beseelter Geist bereits existiert oder wunderbarerweise erst durch etwas anderes entsteht.

Die moderne Kultur hat Körper, Seele und Geist getrennt. Und hat uns gleichzeitig auch vom Kosmos getrennt. Diese Trennung hat nicht nur in der Medizin verheerende Auswirkungen. Sie wirkt sich auch auf unser Leben unheilvoll aus. Und sie hat im Blick auf die Gesundheit eines jeden Einzelnen krankmachende Folgen. Diese Trennung zerstört in der Konsequenz unsere Lebensgrundlagen als Menschheit. Sie nimmt uns auch unsere Spiritualität. Die Konsequenz der Trennung von Kultur, Natur und Beseeltem liegt auf der Hand. In der Folge sind wir so zerstörerisch, dass wir in einer Welt von zunehmender Aggression leben, dass Dogmen verschiedener Religionen und philosophischer Richtungen sich gewalttätig gegeneinander wenden. Kriege und Brutalität gab es auch schon in der vor-modernen Kultur, aber die Aufgeklärtheit und das Selbstbewusstsein der Menschen sollte diese Phase eigentlich längst überwunden haben.

Wenn Denken, Fühlen, Handeln und unsere Körperlichkeit wieder als eine unzertrennbare Struktur begriffen und wahrgenommen werden, dann hat die Seele ein Zuhause gefunden. Dann werden wir auch wieder ein Leben in Balance führen können. Dann werden wir die Heilkräfte, die in uns selber liegen, neu entdecken können.

Das ist also mein Ansatz, wenn vom Menschen als einer Einheit von Seele, Geist und Körper gesprochen wird: Das verbindend Gemeinsame liegt im Bleibenden, in dem, was an uns unvergänglich ist. Und unvergänglich erscheint die Seele und die materiellen Bausteine wie zum Beispiel die Mineralien der Knochen. Das eine ist sichtbar und messbar und damit für uns alle begreifbar: der Körper und inzwischen auch geistige Eigenschaften, die wir mit Hirnstrommessungen und neuerdings durch moderne funktionelle kernspintomographische oder biomagnetische Methoden zunehmend erfassen können. Die moderne Medizintechnik kann sogar individuell diejenigen Hirnareale sichtbar machen, die unter anderem für Freude, Angst, Hunger oder Schmerzverarbeitung zuständig sind.

Das andere – die Seele – ist bis heute nur individuell fühlbar und daher so schwierig zu er- bzw. begründen.

Alles lebt ewig

Aus unseren Zellen werden nach unserem Ableben Eiweiße oder Mineralien, aus Knochen Versteinerungen, aus Haaren Staub. Ja, sogar im Moment, während Sie dies lesen, finden diese Transformationsprozesse statt – wenn beispielsweise Hautzellen sich schuppen, wir Haare verlieren, Nägel schneiden, wenn Leber-, Herz- oder Muskelzellen und abgestorbene Zellen über den Darm oder Stoffwechselprodukte über die Nieren ausgeschieden werden. Diese Grundbausteine sind wieder Voraussetzung zum Wachstum anderer Strukturen. Calcium von mir wird von einem

Tier, einer Pflanze aufgenommen. Es schwimmt im Wasser oder ist in Stein gebunden, wird über den Nahrungszyklus aufgenommen und wird Teil eines lebendigen anderen: Regenwurm, Schmetterling, Sonnenblume, Virus oder Mensch. Oder es wird sogar beim Auftreffen eines Meteoriten auf die Erde in den Weltraum geschleudert und schafft Milliarden Jahre später die Grundbausteine für Leben auf anderen Sternen. Und wo sind unsere Seelen in diesem unendlichen Raum? Wer weiß es? Sicher ist: Uns verbindet, dass wir nicht bleiben, wie wir sind, dass wir endlich sind – und doch an der Unendlichkeit teilhaben

Das Geheimnis unseres Daseins

Wir reden heute – weil wir eine alternde Gesellschaft sind – ständig über den Tod und kämpfen gegen den Tod. Oder sogar für den Tod, wenn gesellschaftliche Entwicklungen ein lebenswertes Leben als Todgeweihter verhindern. Ich formuliere einmal vorsichtig: Aufgrund der Angstzustände, aufgrund der zunehmenden Angst der Menschen vor politischen Einflüssen, vor Katastrophen, vor Isolation, vor Alleinsein, vor Würdelosigkeit kann man fast den Eindruck einer allgemein gesellschaftlichen Angst vor dem Tod gewinnen, die auf etwas anderes verweist: Dahinter steckt Todessucht. Je mehr man sich mit dem Tod befasst – und sei es in der Form einer heftigen Abwehr und einer Verdrängung, die unsere Kraft bindet –, umso weniger liebt man das Leben. Das schönste Geschenk, das man haben kann, ist es aber, leben zu dürfen.

Hanns Dieter Hüsch hat einmal gesagt: „Das Sterbliche an uns ist es, was uns vereinigt." Und er hat das keineswegs negativ gemeint, sondern hinzugefügt: „Ich sage das auch mit einer gewissen Heiterkeit, denn es macht unsere Würde aus. Wir wissen, dass wir kommen und gehen."

Ich habe es schon angedeutet: Nicht nur für mich als Arzt, auch für mich als Mensch ist Sterblichkeit nichts Negatives. Gesundheit ist für mich weder statisch noch abstrakt. Ein abstrakter Gesundheitsbegriff bleibt für mich auch als Arzt ein problematischer Begriff. Es geht doch um etwas anderes: um gute Lebensqualität für Körper, Seele und Geist, auch für den chronisch kranken, alten oder behinderten Menschen. Aber nicht Lebensqualität, wie er als Modebegriff missbraucht wird oder als Standard von Qualitätsmanagern gesetzt wird. Lebensqualität wird viel zu schnell mit materiellem Wohlstand gleichgesetzt. Doch es geht im Wesentlichen um ein gutes persönliches Lebensgefühl, um Solidarität, auch um Andacht und Spiritualität. Und genauso um die weltweite Bekämpfung von Armut, um soziale Gerechtigkeit und Leben im Einklang mit der Natur.

Es gibt den immer wieder zitierten Satz, dass wir mitten im Leben vom Tod umgeben sind. Aber es stimmt gerade dieser Satz, dass wir mitten im Sterben zum Leben bestimmt sind. Auch das meint „Lebensqualität". Und daher kümmert sich Medizin auch primär ums *Leben*, das ist das Wunderbare an meinem Beruf.

Gerade weil ich um die Sterblichkeit weiß, bleiben für mich die Fragen zentral: „Wo kommen wir her?" und „Wo gehen wir hin?" Unsere geheimnisvolle Herkunft und unsere geheimnisvolle Zukunft verbinden uns alle. Sie machen das Geheimnis unseres Menschseins aus. Wir sind am Anfang und am Ende allein mit unserem Schöpfer. Ich komme bei meiner Geburt allein in diese Welt. Und ich gehe am Ende meines Lebenswegs allein in eine Zukunft, die ich nicht kenne. Auch wenn wir glauben, sie zu kennen, wir kennen sie nicht wirklich. Es gibt die Menschen, die „nicht glauben". Und es gibt die, die sich selber als Maschine verstehen, die eben am Ende in ihre Einzelteile auseinanderfällt. Aber auch diese Menschen (und mit solchen Menschen haben wir immer häufiger zu tun) kennen ihre Zukunft nicht wirklich. Ich habe Regine Hildebrandt als engagierte Politikerin bewundert. Aber das, was sie am Ende ihrer eigenen Krebskrankheit über den Tod als Ende aller Existenz gesagt und was sie zur aktiven Euthanasie bei angeblich nicht mehr lebenswertem Leben geäußert hat, war für mich schwer nachvollziehbar.

Der Mensch – nur ein Kostenfaktor?

Gerade wenn ich über das Geheimnis unseres Lebens nachdenke, bin ich davon überzeugt: Euthanasie ist das Letzte, was
wir heute aktiv betreiben dürfen. Aber wir müssen uns aktiv damit auseinandersetzen. Was sich an Entwicklungen in Holland
und Belgien – und inzwischen auch in der Schweiz – abzeichnet
und was in diesen Ländern zum Teil schon praktiziert wird, ist
erschreckend. Warum ist denn die Sterbehilfedebatte aufgekom-
men? In Holland stand das Gesundheitssystem ökonomisch vor
dem Kollaps. Man hat gehofft, durch aktive Sterbehilfe Geld
zu sparen. Ärzte haben sich oft zurückgezogen, wenn keine Heilung mehr möglich war, da sie für diese Dienste nicht mehr bezahlt wurden. Im Klartext könnte dies möglicherweise bedeuten:
Wir überlegen Leben zu beenden, weil es uns zu teuer wird, uns
für einen Menschen zu engagieren. Das hieße doch: Menschsein
wird als bloßer Kostenfaktor definiert. Eine solche Haltung lässt
außer Acht, dass der Mensch auch ein spirituelles Wesen ist mit
dem Recht, sich maximal für sich selbst und für alle Menschen
einzusetzen. Wir müssen endlich damit anfangen, in einem humanen therapeutischen Ansatz gerade in der letzten Lebensphase
neue positive Wege zu gehen, statt unter der Prämisse der Kos-
tenfaktoren überall Ressourceneinschränkungen zu betreiben.
Sicher gibt es Menschen in desolaten Zuständen und mit wirklich unfassbar schrecklichen Schmerzen. Auf der anderen Seite
haben wir aber heutzutage auch zum ersten Mal in der Mensch-
heitsgeschichte umfassende Möglichkeiten, medikamentös und
zunehmend durch mikroinvasive Methoden Schmerzen zu lindern. Auch naturheilkundliches, meditatives und seelsorgerisches
Wissen und therapeutische Konzepte der vielfältigen Religionsgemeinschaften und Kulturen sind vorhanden. Auch wenn es
nicht systematisiert ist, wir könnten auf alles zurückgreifen.

Ein Beispiel ist die Schmerztherapie. Wir haben nur 1000 aus-
gebildete Schmerztherapeuten in Deutschland. 50 Prozent von

ihnen, insbesondere die niedergelassenen Schmerztherapeuten, können ihr Wissen nicht weitergeben und ihre Kompetenz nicht einsetzen, weil die Mittel fehlen oder Schmerztherapie überhaupt nicht mehr in Ausbildung stattfindet, geschweige denn ausreichend abrechenbar ist. Die modernen DRG-Abrechnungspauschalen im Krankenhaus sehen keine Positionen für interdisziplinäre Schmerztherapie mehr vor, ebenso wenig wie für das ärztliche Gespräch. Beide ärztlichen Tätigkeiten gehören aber gerade zu den zentralsten Elementen einer wirklich humanen Medizin. Chronisch Kranke und Sterbende haben jedoch keine Lobby. Deswegen werde ich nicht müde zu sagen: Wir brauchen gute ambulante und stationäre Hilfe, aber auch ein Netz von anderen Möglichkeiten. Wir brauchen beides: Gute technische Hilfen und eine beseelte Mitmenschlichkeit, wir brauchen High-Tech und Herz. Technische Möglichkeiten und Zuwendung müssen zusammengehen.

So könnte es gehen

Was beseelte Hilfe bewirken kann, hat auf wunderbare Weise kürzlich ein Fernsehfilm gezeigt. Dieser Bericht erzählt vom kleinen Jakob. Das Leben dieses Kindes hängt an komplizierten Geräten der High-Tech-Medizin. Von Beginn an musste er künstlich beatmet und ernährt werden. Als er nach der Geburt auf der Intensivstation lag, sagte ein Arzt im ersten Beratungsgespräch mit der Mutter: „Wissen Sie, Geräte abschalten ist keine aktive Sterbehilfe." Die Mutter war geschockt.

Heute ist Jakob zwei Jahre alt, sein Zustand ist stabil, wenngleich sehr pflegeintensiv. Die Ärzte sagen, er leide an Arthrogryposis, einer angeborenen Knochenfehlbildung und Gelenksteife. Durch eine Zwerchfelllähmung kann er nicht selbständig atmen. Dadurch besteht immer die Gefahr, dass die Luftröhrenkanüle, durch die er beatmet wird, durch Schleim verstopft. Der Schleim muss dann sofort abgesaugt werden, deswegen muss ununterbrochen jemand bei ihm sein. Geistig entwickelt er sich ganz normal, nur sprechen kann er wegen seiner Kanüle nicht. Jakobs Mutter sagt: „Die Prognose ist weiter ungewiss, keiner kann etwas Genaueres sagen, denn Jakob passt in keine Schublade. Es ist keine der Muskelerkrankungen, die immer schlimmer werden und bei denen man sagen könnte, er lebt jetzt drei oder vier Jahre, dann wird es stetig bergab gehen. Auf der einen Seite ist das gut, weil man die Hoffnung hat, dass es besser wird und dass er sehr lange leben wird. Andererseits hat man aber auch ständig Angst, dass es eigentlich immer passieren kann, dass er stirbt." Jakobs Mutter sorgt sich wunderbar um den Kleinen und wird von einem Pflegedienst dabei auf großartige Weise unterstützt.

Der Film wurde während einer Debatte um die aktive Sterbehilfe ausgestrahlt. Er zeigt, wie liebevoll die beiden Brüder mit dem kleinen Jakob spielen, wie gut die Krankenschwester auf die Mutter eingeht, wie zuversichtlich und glücklich die Mutter ist – und wie sehr Jakob trotz aller Beschränkung sein Leben auch genießen kann, im Spiel, in der Zuwendung zu anderen. Der Film zeigt ebenfalls sehr eindrücklich, welche Energie, Freude und Kraft Jakob selbst der gesamten Familie als Kind gibt.

Was mir diese beeindruckenden Szenen klar gemacht haben: Die Debatte um das Sterben führt uns wieder zurück zur Debatte über das Leben. Das Nachdenken über den Tod bringt uns zum Nachdenken über Werte in der Gesellschaft und über Lebenshaltungen eines jeden Einzelnen. Und diese Debatte hat ganz praktische Konsequenzen. Am Fall des kleinen Jakob wird klar: Wir dürfen Medizin nicht nur auf das Körperliche ausgerichtet sein lassen. Es geht auch um psychosoziale Begleitung. Seelsorge und beseelte Medizin. Soziale menschliche Nähe und therapeutische Bemühung um Linderung des Leidens müssen Hand in Hand gehen. Wir müssen genau dafür ein neues Bewusstsein schaffen. Wir brauchen eine neue Begeisterung und Leidenschaft für eine andere menschliche Kultur. Und dazu brauchen wir eben diese ethische Debatte.

Für mich steht dabei immer im Zentrum: Leben ist etwas Wunderbares, bis zuletzt. Unsere eigene Dankbarkeit für dieses Leben sollte uns dazu bewegen, dies auch für unsere Mitmenschen spürbar werden zu lassen. Nicht nur am Lebensende, aber da ganz besonders. Mit dem Herzen dabei sein und Empathie zeigen. Für mich wirkt dieser Film wie ein Signal und Aufruf zugleich. Wie diese Familie bewundernswert mit dem kleinen Jakob umgeht, so sollte man und so könnten wir alle persönlich und das Gesundheitssystem im speziellen auch mit chronisch Kranken, Demenz- und Krebskranken, den Alten und mit den sterbenden Menschen umgehen.

Wir sind füreinander verantwortlich

Leben ist Leben bis zum Schluss. Und die Qualität des Lebens ist auch am Lebensende das Entscheidende. Ich erinnere immer wieder an meinen eigenen Bruder Willi, den ich sehr geliebt habe und der im Alter von 44 schwer erkrankte. Mit 17 hatte er eine große Muschelsammlung, die selbst Wissenschaftler in Bochum und Kiel in Erstaunen setzte. Aber jetzt lag dieser leidenschaftlich dem Leben verbundene Mensch da, auf den Tod krank. Er hatte stärkste Schmerzen und ich habe ihm geholfen, die Schmerzen in den Griff zu bekommen. Durch Massage und Akupunktur war eine Linderung möglich.

Ich habe lange auf einer Frauenkrebsstation gearbeitet und viele Frauen begleitet in den letzten Tagen, Stunden. Ich erinnere mich an sehr tiefe Gespräche auf der Intensivstation, mit Menschen, die an den Maschinen hingen.

Nonverbale Kommunikation funktioniert auch wenn es keinen sprechenden Austausch mehr gibt. Es ist fast so, wie wenn wir eine Katze streicheln: Man merkt an ihrer körperlichen Reaktion, dass sie sich wohlfühlt. Jeder fühlende Mensch spürt, dass diese Beziehung zu einem anderen Menschen, auch wenn er nicht mehr in der Lage ist, sich sprachlich zu äußern, eine tiefe menschliche Qualität hat. Nähe und Wärme lindern die Furcht vor dem einsamen Sterben. Der Arzt darf sich nicht als Kämpfer gegen den Tod verstehen, denn dann hat er immer schon verloren. Er kämpft für das Leben, und zu dem gehört ein menschenwürdiger Tod.

Meine wichtigste Lektion

Als mein Bruder Willi sterben musste, war ich als Arzt völlig niedergeschlagen. Ich konnte ihm nicht helfen. Ich habe die Phase seiner schweren Erkrankung, ein halbes Jahr, intensiv begleitet und die ganze Organisation der medizinischen Versorgung und auf der anderen Seite natürlich auch die Betreuung der Familie übernommen. Und natürlich habe ich damals mit Gott gehadert: Warum muss ein wertvoller und begabter Mensch, der das Dasein so leidenschaftlich liebt, unter solchen Qualen und nach einem so kurzen Leben die Erde verlassen? Das war für mich eine traurige und schwierige Situation. Aber diese Situation war auch ganz wichtig, weil ich auf einmal meine wichtigste Lektion als Arzt gelernt habe: Ich kann nicht bestimmen, wann wir auf die Welt kommen und wann wir gehen. Das liegt in den Händen unseres Schöpfers. Wir können die Welt nur wie ein Gärtner behandeln, der seine Blumen pflegt. Genauso können wir als Arzt tätig sein: Wir können versuchen, das Beste zu geben, um für die Menschen da zu sein. Wir können nicht jeden heilen. Aber wir können ihm Kraft geben, wenn wir ihm auch in schwersten Situationen des Lebens nahe sind und zur Seite stehen.

Mit diesem Bruder habe ich bis zur letzten Minute intensivste Gespräche zum Leben und der Unendlichkeit geführt. Er war mir in diesen Fragen ein Lehrer. Damals habe ich auch etwas sehr Positives ganz neu eingesehen: Mensch sein heißt sterblich sein. Das Sterben meines Bruder hat mich endgültig aufgeweckt und mir gezeigt, dass das Leben so kurz ist. Im Vergleich zur Ewigkeit ist unsere Lebenszeit ein Hauch. Wie ein rascher Windstoß geht es vorbei. Wir sollten glücklich sein und dankbar, dass wir hier sein dürfen. Und wir Ärzte sollten ganz besonders respektvoll und mitfühlend mit den uns anbefohlenen Menschen umgehen.

Ärztliches Handeln heißt auch: Begleitung im Sterben

Nichts ist schrecklicher für einen Menschen, als wenn er sich vorstellen muss, dass in den letzten Sekunden, in den letzten Minuten seines Lebens keiner bei ihm ist. Oder dass derjenige, der da ist, nicht nah ist, weil er sich abwendet, dass er möglicherweise aus dem Zimmer geht, mich vielleicht in einen anderen Raum schiebt, mich alleine lässt. Ältere Menschen haben oft keine Angehörigen mehr. Oder Angehörige haben Angst oder werden nicht miteinbezogen.

Wir brauchen neben der Ars Vivendi, als Teil der Kunst des Lebens oder der Lebensführung, die Ars Moriendi: die Kunst zu sterben. Und wir müssen diese Ars Moriendi in die Ausbildung zumindest von Ärzten mit einbeziehen, damit wir als Ärzte helfen können, das Bewusstsein zu verändern und gerade in diesen schweren Lebenssituationen anderen Menschen wirklich mit dem Herzen ganz nahe zu sein.

Ich selber konnte mich während meines Studiums nicht mit Tod und Sterben auseinandersetzen. Es war im Lehrplan nicht vorgesehen. Ich bin am Anfang meines beruflichen Werdegangs daher ganz bewusst auf eine Krebsstation gegangen. Denn ich habe mir gesagt: Wenn ich das nicht schaffe, Menschen nahe zu sein und auch dann, wenn sie in eine andere Welt gehen, dabei zu sein, Andacht zu schaffen – dann sollte ich diesen Beruf nicht ausüben und lieber Ingenieur werden.

Wir brauchen einander. Wir sind in jeder Situation des Lebens auf die Fürsorge des anderen, seine Liebe angewiesen. In ihrer ganzen Tiefe wird diese Wahrheit deutlich, wenn die Medizin mit ihrem Latein am Ende ist und der Tod naht. Zu akzeptieren, dass der Tod letztlich unausweichlich ist, wird dem leichter möglich sein, der sich mit dem eigenen Tod auseinandersetzt. Mir ging das schon als Student auf, und ich bedauerte das viel zu geringe Angebot an Gesprächen zu diesem Thema: Die angehenden Ärzte werden mit dem Problem weitgehend allein gelassen, und nicht wenige scheitern dann an Sterbebetten, weil sich ihre eigene Hilf- und Trostlosigkeit den Trauernden und, schlimmer noch, dem Sterbenden mitteilt. Es gibt Naturtalente des Tröstens. Unter den Ärzten sind sie die Ausnahme, die meisten Ärzte lernen erst im Ernstfall – oder sie versagen.

Eine neue Sicht

Auch mein Bruder war in der Endphase seines Lebens fast bettlägerig und wurde in Berlin behandelt. Ich werde nie vergessen, was für eine Kraft er bis kurz vor seinem letzten Atemzug ausstrahlte, welch intensive Momente der emotionalen und spirituellen Energie wir Angehörige und das beeindruckende therapeutische und pflegerische Knochentransplantationsteam gemeinsam erleben durften. Keiner und keine von uns möchte diese Erfahrung missen. Hat sie uns doch alle mit dem Ursprünglichen unserer Existenz und gleichzeitig mit dem Transzendenten verbunden. Und unser Leben verändert.

Wie gesagt: Im Tod sind wir – wie in der Geburt – ganz allein. Der Tod gehört zum natürlichen Lebenszyklus und sollte uns daher im Alltag bewusster sein. Hier könnte unsere europäisch-abendländische Kultur vom Buddhismus, vom Hinduismus, aber zum Beispiel auch vom katholischen Mexiko lernen. Der Tod wird dort als Freudenfest gefeiert, in Vorbereitung auf das Jenseits oder in der Erwartung der Wiedergeburt bzw. des jenseitigen Lebens des Verstorbenen. Und in solchen Kulturen gehen auch die sterbenden Menschen in der Regel viel leichter mit ihrem nahenden Tod um. Während wir den Verlust einer Person beklagen und damit doch häufig vor allem unsere eigene Vergänglichkeit bedauern, wird der Tod dort aus einer ganz anderen und viel positiveren Perspektive betrachtet als bei uns.

Die Seele lebt. Dies habe ich durch den Tod meines Bruders und auch beim Tod meines Vaters gelernt. Beide sind mir immer gegenwärtig, körperlos, und helfen mir so, eine der tiefsten Wahrheiten unseres Lebens zu verstehen.

Eine solche Sicht von Tod und Sterben könnte Folgen für unser Leben haben. Wir brauchen eine andere Werthaltung sowohl in der Gesellschaft als auch in der Medizin. Gerade wir Ärzte müssen uns dieses Themas annehmen. Aber auch die Kirchen sind aufgefordert, es in die Gesellschaft hineinzutragen. Es muss wieder selbstverständlich sein, dass man dem anderen Menschen Zuwendung schenkt, auch wenn er sich nicht mehr deutlich und bewusst artikulieren kann. Wenn diese Zuwendung geschenkt wird, dann kann daraus ganz viel Kraft, Lebenslust und Lebendigkeit entstehen, in beide Richtungen: für den Menschen am Ende seines Lebens und für den, der ihn in dieser Phase begleitet.

Siebte Haltung

Engagiere dich als Weltbürger –
und liebe deine Heimat

„Das Neue klug und weise mit dem Alten verbinden"

Das Leben anpacken

Kürzlich kam ich mit einem türkischen Taxifahrer in der Innenstadt ins Gespräch. Er sagte mir etwas ratlos: „Die Leute, die ich hier abhole, sind alle so bedrückt und aggressiv. Vermutlich fangen sie aus Bedrücktheit an zu trinken, und aus Trinken entsteht dann Aggression. Ich verstehe das gar nicht. Können Sie mir erklären, was da los ist?" Er schüttelte den Kopf: „Meine Güte, ich muss mich auch durchschlagen, aber ich mache meine Arbeit mit Begeisterung, und ich verstehe nicht, dass die Leute hier alle so depressiv rumhängen. Man muss das Leben doch einfach nur anpacken!"

Wir Deutschen sind momentan kein mutiges Volk. Wir warten darauf, dass jemand anderes unsere Probleme für uns löst. Wir bewegen uns in einer Welt, die sich ständig gegen das Ungewisse versichern möchte. Wir möchten Sicherheit und geben dabei immer mehr Verantwortung ab. Wir leiden daran, dass uns niemand sagt, was wir tun sollen. Viele Menschen suchen aber auch nach einem Leitbild, nach etwas, das ihnen Kraft gibt, sich wieder aufzurichten und nach vorne zu blicken. Vielen fehlt der Mut zu sagen: Ich setze mich für mich selbst und für die Gemeinschaft ein. Neid und Misstrauen, Ablehnung und Missgunst bestimmen leider vielfach das soziale Klima.

Wir brauchen die Bereitschaft, füreinander einzustehen, weil die drückenden Probleme nicht von isolierten Einzelnen, sondern nur miteinander, in der Gemeinschaft zu lösen sind. Wir brauchen ein soziales Klima der gegenseitigen Wertschätzung und eine Kultur der Anerkennung, die Menschen ermutigt. Ein Mensch, der Angst hat, kann langfristig auch keine Leistung bringen. Abgesehen davon dürfen Leistung oder Erfolg nicht die einzigen Kriterien für Akzeptanz sein. Schon die Anstrengung sollte Wertschätzung finden. Aber auch die Eigenständigkeit und der Mut, eine individuelle Persönlichkeit zu sein.

Anerkennung verhält sich zu Neid wie Feuer zu Wasser. Neid will nicht nur dem anderen schaden, sondern zerstört auch das eigene Selbstwertgefühl, weil sich der Neidische immer nur im Blick auf den anderen hin definiert. Neid ist destruktiv – für die eigene Seele, aber auch für die Gemeinschaft. In der Wirtschaft und der Politik wird Neid heute geschürt, als sei das ein Fortschrittsmotor. Nach Auffassung des Philosophen Peter Sloterdijk „befeuert die gelbe Emotion ein ‚Neidkraftwerk‘, das die Habgier ins Endlose steigert, damit die Wirtschaft in Schwung bleibt". Nicht umsonst gilt Neid in der katholischen Tradition als eine der Todsünden. Er lenkt davon ab, unsere wahren Bedürfnisse zu erkennen und das zu verwirklichen, was in unserem eigenen Leben möglich wäre. Er ist ein Motor, der Energie vergeudet, weil er uns in die falsche Richtung treibt. Neid zerstört die positiven Potentiale der Gesellschaft.

Heilmittel: Perspektivenwechsel

Viele Menschen haben bewusst oder unbewusst das Gefühl, nicht selber zu leben, sondern gelebt zu werden, verwaltet zu werden, Objekt zu sein. Sie handeln nicht, sie werden behandelt. Es ist dieses Gefühl, das depressiv macht. Es hindert uns zudem, Gestaltungsspielräume wahrzunehmen. Man resigniert und fühlt sich ohnmächtig. Das aber kann krank machen. Das einzige Heilmittel ist der Perspektivenwechsel – weg von der Reaktion hin zur Aktion.

Gegen den Sog der Resignation hilft nur eins: die Leidenschaft zur aktiven Gestaltung des eigenen Lebens. Herausfinden, was für mich wichtig ist und was schädlich. Das Motto dafür: *Nimm dein Leben selbst in die Hand.* Sei Steuermann deines eigenen Geschicks. Schaff dir selber Gestaltungsräume. Um es prägnant auszudrücken: Lass dich nicht leben, *lebe*! Reagiere nicht, *agiere*! Lass dich nicht behandeln, *handle*! Die Gemeinschaft braucht dich.

Ich selber versuche nichts anders. Ich könnte mich den ganzen Tag lang hinsetzen und mich gequält über das Gesundheitswesen auslassen. Aber ich drehe den Spieß um und frage: Wie gestalte ich mein Arbeitsumfeld mit meinem speziellen Wissen ganz konkret für mich als Arzt, Wissenschaftler und auch als Unternehmer vor Ort? Die Frage nach dem „Wir" kommt dann von selbst: Wie machen wir das gemeinsam?

Wir brauchen ein Gegengewicht zu einer nur noch formalen Welt, den immer größer werdenden Systemen, die sich verselbständigen und sich abschotten gegen die Bedürfnisse des alltäglichen Lebens. Die Verwaltung bindet immer mehr Prozesse an sich, die Bürokratie hält uns vom Nachdenken und Handeln ab. Und zwingt uns in Formalprozesse. Ob Medizin, Bildung, Kultur, Arbeit oder Soziales: dies gilt für die meisten Bereiche unserer Gesellschaft. Der medizinische Alltag beispielsweise ist mittlerweile zu 60 Prozent durch bürokratische Maßnahmen lahm gelegt. Zu dem, wofür wir eigentlich ausgebildet und eingestellt wurden, zum Vorbeugen, Behandeln und Heilen, kommen wir kaum noch. Die Patienten sehen uns Ärzte – ganz allgemein gesprochen – meistens nur von hinten, während wir mittlerweile das Formular fürs Formular bei der Krankenkasse beantragen!

Hat der Einzelne überhaupt eine Chance, etwas zu bewegen? Gerade hiervon bin ich überzeugt, und hierzu möchte ich Mut machen. Lamentieren hilft nicht weiter, sondern agieren – und vor allem selber gleich anfangen. Arbeitsfelder gibt es genug.

Jeder für sich und für die Heimat

Die Wirtschaft verlangt Mobilität, Flexibilität und Innovation von uns. Wir brauchen aber gerade in Zeiten großflächiger Entwicklungen diese andere menschliche Qualität: Ich nehme als Beispiel meine eigene Heimat, das Ruhrgebiet. Die Menschen wandern hier zunehmend in den Köln-Main-Raum ab, weil dort die Großfirmen sitzen, die derzeit noch Arbeitsplätze anbieten. Und so verarmt das Ruhrgebiet, es veraltet. Und so bekommen wir eine zunehmende Form der Ghettoisierung – und alle fordern mehr Geld, um diesem Prozess entgegenzusteuern. Geld zum Leben ist wirklich wichtig, aber ist es das, was vor allem anderen zählt?

Man könnte in diesem Zusammenhang viel aus der Geschichte des Ruhrgebiets lernen: einer Region des Wandels, seit vielen Jahrhunderten. Intensives Zusammenleben um die Zeche herum hat diese uralte Bergbauregion schon immer bestimmt; geprägt durch viele Nationen von Polen, Italienern, Griechen und Türken, die hier ihre Heimat gefunden haben und die diese Region mit einer eigenen Sprache und einem wunderbaren Humor geprägt haben. „Mutta hol mich vom Pütt, ich kann dat Schwatte nicht mehr sehn." Eine witzige Hommage an die Widernis des täglichen Kohleförderns, wo doch der ein oder andere Mensch nicht mehr das Tageslicht wiedergesehen hat und großes Leid über die Familien hereinbrach. So auch in meiner Familie, als mein Großvater väterlicherseits beim Versuch, Arbeiter unter Tage nach einer Gasexplosion zu retten, mit 36 Jahren sein Leben dort unten gelassen hat.

„Bleiben Se Mensch" hat uns das Idol meiner Jugend, Jürgen von Manger alias Adolf Tegtmeier, mitgegeben. Auch wenn es noch so finster, noch so schwer aussieht: Nimm dein Schicksal in die Hand, hilf den anderen, gestaltet euer Leben gemeinsam. „Ärmel rauf und ran", das war und ist die Devise des Ruhrpotts, wie wir diesen kosmopolitischen Schmelztiegel auch liebevoll nennen. Nichts ist zu schwer, auch nicht die Integration vieler Nationen und der Wandel von einer „schwarzen" zu einer „weißen" Region. Unser Fehler: Wir reden zu wenig darüber!

Es ist so schön hier, wo ich seit einem halben Jahrhundert lebe. Es gibt so viele tolle Menschen hier. Herzlich, offen und direkt oder – wie wir sagen – ein wenig rau sind die Menschen. In den Lehrbüchern kann man es noch nicht lesen, die hängen leider 15 Jahre hinterher. Von wegen verstaubte Region, bei uns ist es mittlerweile üppig grün geworden! Die Städte haben sich zu modernen Metropolen gewandelt, mit einem Gesamtraum größer als Berlin (Ruhrstadt). Aus vielen Industriedenkmälern haben sich Kulturzentren entwickelt. Nirgendwo in Europa so viel Kompetenz in Sachen Medizin und Gesundheitswirtschaft, nirgendwo so viel Beschäftigte wie in dieser Branche – immerhin 15 Prozent. Das Kulturangebot ist mit dem von New York vergleichbar: phantastisch und vielfältig, mit viel Leidenschaft erarbeitet. Kommen Sie doch einfach „Zur Kur und Kultur an die Ruhr"! Oder nach Bochum: „Bochum macht jung!"

Neue Lebenskultur vor Ort

Leider steigt die Arbeitslosigkeit, sie liegt in manchen Regionen deutlich über 20 Prozent, und die Identifikation vor allem der Jugend mit der Region, mit der Heimat schwindet, wie überall in Deutschland und anderen Regionen Europas und der Welt.

Deshalb ist jetzt die Zeit gekommen, in der wir nicht auf Eingebungen oder Entscheidungen der Politik warten können. Es wäre fatal, wenn wir auf einen Geldsegen von oben hoffen würden.

Wir könnten so viel von den alten Bergleuten bei uns oder in anderen Regionen, von den Bauern und Menschen auf dem Land lernen und wieder eine gemeinsame Lebenskultur vor Ort entwickeln: Gemeinsam und kreativ nachbarschaftlich gestalten und sozial aktiv werden. Gemeinsam vor Ort in den Stadtteilen und auf dem Land das öffentliche Leben in die Hand nehmen. Demokratie bewusst leben und solidarisch handeln – nicht nur in Zeiten von Katastrophen. Genossenschaften bilden zum Beispiel für Kleinbetriebe in der Gesundheitswirtschaft oder kommunale Krankenversicherungen, Vorschul-Förderprogramme oder Versorgungsnetzwerke für Demenzkranke, Treffpunkte für Kunst und Handwerk, Wochenmärkte und Wohltätigkeitsbasare in der eigenen Straße, Nachbarschaftskurse zur Selbstverteidigung oder Erlernen neuer Sprachen, Straßentheater genauso wie gemeinsame Besuche, im Theater, im Kino, zum Sport usw. Soziales Engagement und Nachbarschaftshilfe würden so wieder als normal gelten, und ehrenamtliche Tätigkeiten bekämen endlich einen hohen gesellschaftlichen Stellenwert. Einen gleitenden Übergang der täglichen Arbeitszeit zur Freizeit gemeinsam mit allen für alle Mitglieder der Community gestalten.

Im Ruhrgebiet haben sich früher aus den Betrieben Sportvereine, besonders Fußballvereine, entwickelt, aus denen die großen Stars wie Helmut Rahn – „der Boss", wie er von den Fußballfans genannt wurde – hervorgingen. Auch das können wir lernen: wieder sportlich gemeinsam vor Ort aktiv werden, sich freuen und dabei körperlich bewegen. Kinder wieder überall Fußball spielen oder hümpeln lassen, Verbotsschilder auf Rasenanlagen und Parks entfernen und sich an den Kindern freuen oder sogar mitspielen, wie es mein Vater tat. Und gleichzeitig auch neue Stars von morgen entdecken. Warum, glauben Sie, haben die Brasilianer oder Afrikaner so geniale Spieler? Kinder sind dort ständig mit dem Ball unterwegs und spielen an jeder Ecke, auf jeder Straße, im Sand, auf dem letzten Stück Rasen, im Matsch, einfach überall.

Sich zum Sport zu verabreden, gemeinsam zu feiern und zu tanzen oder gar gemeinsam zu singen oder zu musizieren – das ergibt sich dann meistens von selbst.

Es geht mir darum, dass wir uns der Sinnlichkeit des Gemeinschaftlichen wieder stärker bewusst werden und die Sinne dafür schärfen, gemeinschaftlich zu agieren und die Gestaltung des eigenen Lebensraums in die Hand zu nehmen.

Bisher geschieht das deshalb nicht, weil uns der Mut fehlt, weil uns die Kreativität und die Fantasie, aber auch die Leidenschaft abhanden gekommen sind, weil wir uns entmündigen lassen und in der Vereinzelung leben. Und so versacken viele unserer Möglichkeiten ungenutzt. Wenn Menschen sich beschränken auf die Forderung „wir brauchen mehr Geld", dann würde, wenn sie das Geld hätten, trotzdem nichts passieren. Denn Geld ersetzt nicht Fantasie. Und Geld ersetzt auch nicht Eigenverantwortung,

Initiative und Handeln. Fantasie wird erst in Gang gesetzt, wenn man bestimmte Werte und klare Zielvorstellungen hat. Wenn aber eine Region nur die Rolle eines Bettlers spielt, dann darf sie nicht vergessen: Auch ein moderner Bettler, der das Geld bekommt, gibt demjenigen, der das Geld gibt, Macht. Also: Auch Heimat braucht starke und emanzipierte Einzelne.

Gegen die Segmentierung

Wir leben in einer Gesellschaft, die dazu tendiert, sich immer mehr zu segmentieren. Und gerade Kindheit und Alter – die Phasen des Lebens, in denen wir Heimat und individuelle Geborgenheit am stärksten brauchen – werden in unserer Gesellschaft immer stärker aus der lebendigen Mitte der Gesellschaft ausgegliedert. Wir haben Kindergärten für die Kinder und Altenheime für die Alten. Für mich ist das auch eine Art der Kasernierung.

Wir müssen darüber nachdenken. Ja, natürlich, auch wir haben unsere Kinder zwischendurch in einen Kindergarten gegeben. Wir haben mit anderen Eltern eine Krabbelgruppe aufgebaut für unsere Babys. Es sind meistens ökonomische Gründe, die dazu führen. Weil Eltern arbeiten müssen oder wollen, wie wir damals als Studenten mit zwei Kindern. Und es ist ja einfacher, jeweils für eine bestimmte Altersgruppe einzukaufen, Ausbildungskräfte zur Verfügung zu stellen oder Mobiliareinrichtungen zu beschaffen. Segmentierung ist vielleicht billiger.

Aber mehr Differenziertheit wäre menschlicher. Die Zukunft sehe ich da, wo Menschen sich mischen, wo Erwachsene und Jugendliche, Kinder und Alte, Behinderte und Nichtbehinderte zusammenkommen und miteinander leben. Integrative Konzepte mit alten und jungen Menschen, mit Gesunden und Behinderten oder Krebskranken wären eigentlich normal und könnten dem Schwächeren Lebensmut, Freude und Kraft geben.

Wir stehen in Gefahr, überall Inseln zu schaffen: Inseln für den Beginn des Lebens, Inseln fürs Sterben, Inseln fürs Heilen,

Inseln fürs Religiöse und Spirituelle. Aber Inseln isolieren uns voneinander!

Der Segmentierung entspricht die Spezialisierung. Man teilt jedem eine kleine Verantwortung zu und spricht ihm damit die Verantwortung fürs Ganze ab. Ein normaler schulmedizinisch ausgebildeter Arzt, wie ich es als Radiologe zum Beispiel bin, ist in der Regel nur für die körperlichen Belange seiner Patienten, nicht aber für die seelische Befindlichkeit ausgebildet und zuständig, denn dies fällt in den Aufgabenbereich anderer Spezialisten. Dabei sollte beides – die Behandlung des Körpers *und* der Seele – zur ärztlichen Tätigkeit dazugehören!

Der Mensch existiert gleichzeitig und nicht nachgeordnet aus Körper, Seele und Geist und lebt aus dem Zusammenspiel dieser drei Ebenen. Und die Seele ist es auch, die alle Menschen miteinander in Berührung bringt, die uns durchdringt und die uns auch mit anderen Geschöpfen und dem Kosmos verbindet.

Auf Gemeinschaft angewiesen

Die größte Problematik sehe ich in der Isolation des Einzelnen: der Isolation des Kindes von den Eltern, der Isolation des Partners in der Beziehung, der Isolation des Einzelnen innerhalb seines Betriebs und der Entfremdung des Individuums von den Institutionen. Wir alle sind auf Gemeinschaft angewiesen.

In einer immer komplexer und globaler werdenden Welt gibt es eine Tendenz zu Größe und Konzentration. Aber daneben gibt es auch das Bedürfnis nach Überschaubarkeit. Die kleine Gemeinschaft, die Familie, die Gemeinde vor Ort, die Lebensbereiche, in denen ich zusammen mit anderen den Problemen ins Auge schauen oder das Leben gestalten und verändern kann – sie sind entscheidend. Wir sollten solche Orte und solche Lebensformen, in denen letztlich die Kraft lebt, aus der Veränderungen entstehen, stärken oder sie neu bilden. Menschen brauchen die Übersichtlichkeit ihrer Lebensverhältnisse, die wirklich erfahr-

bare Verbindlichkeit und Sicherheit im Leben miteinander – und
sie sollten ein Recht darauf haben, in Gemeinschaften zu leben,
die der Anonymität und Vereinzelung und damit der Einsamkeit
der Massengesellschaft etwas entgegensetzen.

Wir sollten Gemeinschaften von Menschen hervorbringen
bzw. unterstützen, die in überschaubaren Zusammenhängen leben
und wohnen, und unsere Probleme selber lösen, statt darauf zu
warten, das die Politik das für uns in die Hand nimmt. Das ist
das Ziel: Verantwortlicher Mensch werden, von Kindheit an –
und es bleiben, indem man für sich einsteht und nicht die Verantwortung an der Garderobe abgibt.

In Gemeinschaft – bis zum letzten Tag

Gerade im Blick auf das Alter wäre es gut, in unserer nächsten
Umgebung Gemeinschaften und Lebensräume zu gestalten, von
denen man sagt: Hier kann ich die nächsten Jahre gemeinsam
zusammen mit anderen Menschen leben, hier können sportliche
und kulturelle Möglichkeiten genutzt werden, hier ist eine umfassende Versorgung möglich. Solche Communities zu planen
und zu gestalten, solange man fit und aktiv ist, das halte ich für
extrem wichtig. So zum Beispiel, dass man sich schon während
des Berufslebens überlegt, wie man Zugang zu den Menschen
finden könnte, die man gerne mag. Wir alle sind so sehr gepolt
auf das Lebensmodell der Zweisamkeit oder Einsamkeit, dass
wir gar nicht frühzeitig nach Gemeinsamkeit streben. Ich weiß
doch genau: wenn ich morgen einen Schlaganfall erleide oder an
Alzheimer erkranke, werde ich in dieser Gesellschaft keine wirkliche Versorgung für mich als Schlaganfallpatient haben können.
Denn keiner versteht mich. Die Familien sind überlastet. Und
auch wenn ich im Alter gesund bleiben sollte, besteht die Aus-
sicht, dass ich vereinsame. Wichtige kulturelle Angebote werden
unter dem Vorzeichen des „zu teuer, bedeutet doch nur Kosten"
wegrationalisiert.

Wie auf der japanischen „Insel der Hundertjährigen" im Archipel von Okinawa gehören auch bei uns Leben und Wohnen zusammen. Beides könnte man auch hierzulande ganz anders kultivieren. Vor allem in kleinen Einheiten könnte dies realisierbar sein, dort, wo Menschen auch nach der Arbeit gemeinsam aktiv werden und vor allen Dingen auch in Gemeinschaft leben. Ich kenne so etwas vor allem aus kleinen mittelständischen Betrieben oder aus künstlerischen Gemeinschaften und Gruppierungen. Aber auch aus Familien mit vielen Kindern. Beeindruckend finde ich zum Beispiel eine Familie aus dem Ruhrgebiet mit zehn Kindern, in der sich alle erwachsenen Kinder abwechselnd und liebevoll um den ehemaligen Patron der Familie kümmern, der vor Jahren durch einen Schlaganfall sprach- und gehunfähig geworden ist. Die Mutter war früh verstorben. Anrührend und motivierend, wie selbstverständlich und wie herzlich die Kinder dies tun. Und wie dieser Vater auf einmal trotz aller Kommunikationsstörungen auflebt. Ich habe ihn vor kurzem wiedergesehen und war tief beeindruckt von seiner Vitalität, aber auch wiederum von der Fröhlichkeit und Energie, die von ihm ausging. Familie als Kraftzentrale des einzelnen und der Gesellschaft – ich habe von dieser Familie viel gelernt.

Mit neuen Wohnformen experimentieren

Vor kurzem ging es durch die Presse: In Norditalien, im Apennin, begann vor drei Jahren ein ungewöhnliches Modellprojekt. Die Jungen wanderten aus dem Dorf ab. Die Alten blieben zurück. Es zählte am Ende gerade noch dreißig Einwohner. Doch dort wurden die halbverlassenen Häuser saniert und altengerecht wieder hergerichtet. Die alten Menschen konnten so in ihrer vertrauten Umgebung bleiben. In das Dorf kehrten viele junge Familien zurück, die jetzt dort als Altenhelfer arbeiten. Es gab Arbeitsmöglichkeiten für sie. Die Isolation der Alten in Heimen ist nicht notwendig, und ein fast schon entvölkerter Landstrich blüht zu neuem Leben auf. Warum sollte so viel soziale Phantasie nicht bei uns vorstellbar sein?

Zeitbeobachter konstatieren eine „neue Lust am Miteinander" und machen diese an zahlreichen neuen Wohngemeinschaften (WG) und der ihnen zugrunde liegenden Idee vom gemeinsamen Leben fest. Jede zweite Frau und jeder dritte Mann über 40 hält nach einer Forsa-Studie die WG für die Wohnform der Zukunft. Neue Konzepte sind möglich, wenn die Individualität und Privatheit auf der einen Seite mit der Gemeinschaft auf der anderen Seite verbunden werden.

Der ehemalige Bremer Bürgermeister Henning Scherf hat nach der Devise „grau ist bunt" die wohl bekannteste Alters-WG Deutschlands gegründet, weil er überzeugt war, dass die Trennung zwischen Alt und Jung aufgehoben, die starre Abfolge von Ausbildung – Arbeit – Ruhestand aufgelöst und Vereinsamung verhindert werden sollte. Fünf Jahre dauerten die Vorbereitungen, bis drei Ehepaare und zwei Junggesellen aus zwei Generationen und drei Konfessionen in ein Stadthaus zogen und seither unter anderem ein Auto und eine Putzfrau gemeinsam bezahlen. Die Hausbewohner haben ein christlich-jüdisches Lehrhaus und eine ökumenische Gemeinde gegründet. Sie musizieren gemeinsam und pflegen den Garten. Und als eine Mitbewohnerin an Krebs erkrankte und starb und bald danach auch deren Sohn, da blieben die beiden anderen bis zum Schluss in der Hausgemeinschaft. „Als wir uns zusammentaten, waren wir Freunde. Nach dieser Zeit waren wir eine Familie", sagte Henning Scherf später. Und er fügte hinzu: „Das wird man, wenn man Kummer gemeinsam aushält." Kein Wunder, dass die Bremer Heimstiftung inzwischen ihre Altenwohnheime mitten in Wohnviertel baut, nah an dem, was auch ältere Menschen brauchen: Kinos, Einkaufsmöglichkeiten, Bibliotheken und Theater.

Netzwerke vor Ort

Die Frage „Wie wollen wir denn morgen leben?" stellt sich ganz konkret. Sie betrifft unsere individuelle und gesellschaftliche Zukunft. Wichtig ist, die Ziele zu definieren und die Wege zu diesem Ziel zu klären. Wenn das Ziel ist: Wir wollen vom ersten Tag bis zum letzten Tag des Lebens unsere Stadt, unser Stadtviertel oder Dorf lebensnah und lebensfördernd gestalten, dann lauten die nächsten Fragen: Wo sind die Menschen, die Erfahrung und Kompetenz einbringen? Wie müssten die Einrichtungen aussehen? Welche Bedürfnisse gibt es? Und welche Bedingungen müssen wir schaffen?

Es geht um konkrete, gelebte Solidarität. Also ums Hinsehen, ums ganz unspektakuläre Helfen, um die Nähe zu den Menschen vor der eigenen Haustüre. Das ist nichts, was man im Verwaltungsakt verordnen kann. In Zeiten der Globalisierung und der Individualisierung können Zusammengehörigkeitsgefühl, die Erfahrung von Gemeinsamkeit am besten in überschaubaren Zusammenhängen erlebt werden: In der Familie. In der Schule. In der Kirchengemeinde. In Vereinen. In Nachbarschaften. In den kommunalen Gemeinden. In Lebensformen also, wo an der Gemeinschaft und für die Gemeinschaft gearbeitet wird.

Wir sind zwar alle Individuen, aber keiner ist eine Insel. Was wir brauchen, ist ein durchgehender Community-Gedanke, eine res publica communis, eine öffentliche Sphäre und einen Lebensraum, der jene getrennten Bereiche wieder verbindet und so ein erfülltes und ganzheitliches Leben ermöglicht. Das geht am besten im Kleinen, so meine Überzeugung. Community-Netzwerke sind eine angemessene Form, also aktive soziale, kulturelle oder politische Beziehungen, die „vor Ort" am besten funktionieren. Netzwerke bieten Gelegenheiten und Orte, wo man sich austauscht und miteinander kommuniziert. Sie bündeln soziale Kontakte, von denen die Einzelnen profitieren. Sie sind aber ihrerseits auch gemeinschaftsbildend.

Netzwerke sind etwas Lebendiges, nichts bürokratisch Festgeleg-
tes, da wird gehandelt, da „passiert" etwas. Sie stiften einen sozialen Zusammenhang, Zugehörigkeit und Halt. Sie schaffen
Heimat. Sie werden nicht von oben her geplant, gelenkt oder
gesteuert, sondern sie sind lebendig, weil sie den wirklichen und
wechselnden Bedürfnissen der Menschen entsprechen. Ihr Vorteil besteht darin, dass die Menschen sich und ihre gegenseitigen Bedürfnisse kennen. Sie können also flexibel aufeinander
reagieren.

Solche Kleinstrukturen sind keineswegs etwas Anachronis-
tisches. In einem Land wie Liechtenstein etwa bilden 33 000
Menschen einen Staat. Wir können nun natürlich nicht lauter
Kleinstaaten ins Leben rufen. Aber wir brauchen gerade in Zeiten der Globalisierung wieder überschaubare Räume, in denen
sich individuelles Leben gut entfalten kann. Und wir brauchen
überschaubare Gemeinschaften, die dieses Leben gestalten, vom
ersten bis zum letzten Tag der Existenz, und die auch helfen,
dass Vereinzelungen aufhören, dass man am Gemeinschaftsleben vor Ort teilnehmen kann.

Ein Gefühl von Heimat

Wir leben in einer mobilen und dynamischen Gesellschaft in
immer weiter ausgreifenden globalisierten Räumen. Ich selbst
bin viel in der Welt unterwegs. Ich habe phantastische Menschen
und Landschaften kennen gelernt, mich an vielen Stellen der
Erde richtig wohl gefühlt und geglaubt, auch hier kannst du gut
arbeiten, gut leben und alt werden. Aber jeder Mensch hat einen
Ruhepunkt, eine Gemeinde, der er sich zugehörig fühlt: eine
Heimat. Dieser Ruhepunkt kann sich verlagern, denn schließlich
erfahren wir Einflüsse von außen und wechseln auch unseren
Standort. Haben wir aber einmal einen Raum gefunden, in dem
wir uns wohlfühlen, dann bleiben wir ihm doch meistens zeit-
lebens treu. Dieser Raum erstreckt sich in der Regel über eine

Distanz von etwa zehn Kilometern. Und innerhalb dieses Raumes müsste es eine Community geben, die so strukturiert ist, dass sie alle wesentlichen Lebensbedürfnisse der Menschen abdeckt, unabhängig davon, was es kostet. Hier sollte es geben, was wir brauchen, um uns wohl zu fühlen, hier sollte körperliche und geistige Lebensqualität gewährleistet sein. Was dies genau und im Einzelnen ist, bleibt natürlich noch zu definieren und ist abstrakt nicht zu sagen. Schließlich können die Bedürfnisse im Ruhrgebiet ganz anders aussehen als fünfzig Kilometer weiter.

Wir müssen wieder lernen, mehr selbst zu organisieren bzw. mitzugestalten: ob Krankenstationen oder Gesundheitshäuser, ob Schiedsgerichte oder Schlichtungsstellen, ob Anbauflächen für Obst und Gemüse, ob Schulen oder Kirchen, Sozialeinrichtungen, Musikschulen oder Sportstätten. Das Gemeinschaftsleben selbst in die Hand zu nehmen und für die anderen Familien, Gruppen oder Einzelpersonen bewusst da zu sein, darum geht es und nicht zuletzt auch darum, endlich auch wieder spontan und entspannt gemeinsam feiern zu können. Wir kennen Feiern und Parties doch fast nur noch als organisierte Events.

Heimat – das ist Halt, Beziehung, nicht Masse, Zusammenhalt, nicht isolierte Individualität, sondern fraglose Zugehörigkeit und selbstverständliche konkrete Solidarität. Solche Strukturen der Gemeinschaft, die Entfaltungsräume ermöglichen und Wurzelboden für menschliche Werte sein können, brauchen auch starke, emanzipierte Einzelne, die ihre Verantwortung wahrnehmen. Heimat in diesem Sinn meint nicht das Gefühl, das aufkommt, wenn man sich im Fernsehen die wie Pilze aus dem Boden schießenden Volksmusik- und Heimatsendungen ansieht. Im Gegenteil. Dass da womöglich Hunderttausende in ihrem Wohnzimmer vor dem Fernseher sitzen, ist gerade ein Zeichen unserer Vereinzelung und bestätigt den Verlust des Gemeinschaftsgefühls. Die virtuelle Wirklichkeit wird immer bedeutender, die Welt des Formalen immer wichtiger. Was wir aber brauchen, sind Orte und Institutionen eines vertrauten Zuhause, das nicht vom ökonomischen Nutzwert bestimmt ist.

„Zuhause, das ist:
> Was man nicht sieht, doch in der Fremde spürt,
> Die Küchenwärme und die Jugendsünden,
> Tach zusammen
> Und die Frage: Na, wie isset denn?"

So hat Hanns Dieter Hüsch einmal definiert, was Heimat ist.

Eine neue Lust am Miteinander

„Ich denke, die Zukunft besteht darin, dass sich viele Leute zusammentun und gemeinsam etwas auf die Beine stellen." Das sagte kürzlich in einem Interview der Gründer einer Gemeinschaft von Menschen, die auf dem Gelände eines ehemaligen Gutshofs bei Berlin Sozialwohnungen gebaut haben, in die inzwischen über 100 Menschen eingezogen sind. Die haben inzwischen einen Chor gegründet, eine Volleyballmannschaft auf die Beine gestellt und Tischtennistraining ebenso wie Doppelkopfrunden ins Leben gerufen. Es gibt unzählige solcher Beispiele. Viele dieser Gruppen sind längst über das Experimentierstadium hinausgewachsen. Ob die Gründer nun sozialistisch oder christlich motiviert sind oder aus ökologischem Antrieb heraus handeln – meist sind das keine alternativen Träumer, die der Kommunenideologie der 68er anhängen, sondern pragmatisch ausgerichtete Menschen, die Werte leben wollen, die in unserer Gesellschaft nicht mehr selbstverständlich sind. Nach denen sich aber doch alle sehnen.

In vielen Städten entstehen immer häufiger lokale Bürgerstiftungen oder andere soziale Initiativen: Gemeinschaftsvorhaben von Menschen für Menschen in der Nachbarschaft. Menschen übernehmen aus starker Überzeugung Mitverantwortung für das soziale Klima in dem Raum, in dem sie leben. Ältere Schülerinnen üben Schreiben und Rechnen mit Kindern von Immigranten oder

geben Nachhilfe für Schulkinder aus so genannten schwierigen
Familien. Pensionierte Lehrer gestalten Sprachkurse für Auslän-
der. Junge besuchen Alte, die vereinsamen, oder sie bringen die
Wohnung einer betagten Kleinrentnerin wieder auf Vordermann.
Frauen, die Zeit haben, greifen einem Witwer bei der Organisation seines Haushalts unter die Arme. Gut situierte ältere Menschen unterstützen Jugendliche, die keine sinnvolle Beschäftigung haben. Es gibt „Frühwarnsysteme", wenn etwa ambulante
Pflegedienste oder die Nachbarschaftshilfe wahrnimmt, dass da
jemand in Not ist.

Nicht nur im privaten Leben, auch für eine lebendige Demokratie sind solche Netzwerke von unten lebenswichtig. In dem
sächsischen Städtchen Wurzen, wo die NPD im Stadtrat sitzt,
hatten einst Neonazis starken Zulauf. Übergriffe rechtsradikaler
Schläger waren an der Tagesordnung. Politiker in der Haupt-
stadt hielten aufgeregte Reden. Aber einige Jugendliche im Ort
handelten selber. Sie wollten sich einmischen, aktiv werden und
gründeten so das „Netzwerk für Demokratische Kultur" unter
dem Motto: „Geschlafen wird später".

So engagieren sich heute schon mehr als 23 Millionen in
Deutschland freiwillig und ohne festen Lohn in Initiativen,
Selbsthilfegruppen und Vereinen vor Ort – bei gleichzeitigem
Rückgang fester Mitgliedschaften in Parteien oder Gewerk-
schaften. Wenn man Menschen fragt, warum sie dies tun, dann
wird auch eine Haltung sichtbar, die vom Ich zum Wir führt:
„Dieses Immer-nur-an-sich-selber-Denken und Für-sich-selber-
etwas-Tun ist gar nicht, was einem wirklich gut tut." Und ein
Hospizhelfer sagte einer Rundfunkreporterin: „Es ist einfach ein
gutes Gefühl, und es lohnt sich, sich zu engagieren: Ich weiß
auch gar nicht, warum ich sonst auf diesem Planeten bin, wenn
nicht, um mit meinen Menschen zusammen ein glückliches Leben zu führen."

Spirituelle Orte

Es gibt Orte auf der Erde, da bleibt einem der Atem stehen, man wird warm, man weiß nicht warum, aber man fühlt sich unendlich wohl. Die Räume, wo Menschen miteinander verbunden sind und weiter ins Gespräch kommen, sind im Kleinen zu finden. Nicht nur den kommunalen, auch den kirchlichen Gemeinden und Kulturzentren der vielfältigsten Art kommt in diesem Zusammenhang eine wichtige Bedeutung zu.

Aus der Sicht des Arztes fände ich es wunderbar, wenn Medizin und Therapie in einen Kontext mit den Religionsgemeinschaften vor Ort eingebunden wären. Es geht nicht um evangelisch oder katholisch, nicht um jüdisch oder islamisch, sondern um die gemeinsame Aufgabe, Räume zu kreieren, in denen Gemeinschaft auch in der spirituellen Dimension gelebt werden kann. Wir haben jenseits und sogar innerhalb der großen Traditionen so viele Glaubensrichtungen wie es Menschen gibt. Jeder hat ein anderes Gefühl, was die Bedeutung seiner Existenz angeht, jeder macht ganz unterschiedliche Lebenserfahrungen, und jeder sollte sich selbstverantwortlich entscheiden. Die Vielfalt der Religionen ist Teil der wunderbaren Vielfältigkeit des Lebens.

Die Kirchen haben hier künftig eine neue große Chance – und sie nutzen sie heute meinem Eindruck nach noch viel zu wenig. Sie reden zu viel über Kosten und Einsparungen und die Schließung von Gotteshäusern. Auch wenn die Mitgliederzahl abnehmen sollte, ist meine Vision: Kirchliche Einrichtungen und Räume werden immer mehr zu Orten des Lebens. Hier finden Veranstaltungen statt, die die Menschen an Leib und Seele in ihrem Leben betreffen, die gemeinsame Reflexion fördern und eine gemeinsame Diskussionsebene schaffen. Die Kirchen werden tätig aus dem Lebendigen heraus, in Verbindung mit dem, was die tägliche Wirklichkeit der Menschen ist. Und so bleiben auch die religiösen Rituale lebendig. Und wenn ein Kirchengebäude wirklich verkauft werden muss: Warum werden in einem solchen Fall die Gemeinden nicht selbst aktiv? Wenn ein Restaurant entstehen soll, dann könnten sie es doch selbst gestalten. Sie könnten ein ganz besonderes Krankenhaus aus einem sonst leer stehenden Kirchenraum entwickeln. In vielen Religionen waren die Tempel früher auch Heilstätten.

Wenn den Menschen erst einmal wieder bewusst wird, dass Jesus ein Heiler war, dann bringt man ihn auch Fernstehenden in einem zentralen Punkt seiner Sendung nahe. Dann ist auch seine Botschaft nah bei den Fragen und Nöten der Menschen. Jesus hat als Heiler an Seele und Leib geholfen. Er hat die Menschen berührt, hat ihnen Angst genommen und sie therapiert. In allen Kulturen waren die Priester ja immer auch Seelsorger und Ärzte. An diese Tradition anknüpfend, könnte man auch heute sagen: Schließt die Kirchen nicht, sondern führt gerade hier zusammen, was zusammengehört: Körper, Seele, Geist. Die Menschen suchen nach solchen Orten, an denen Rituale gefeiert werden, Meditation und die Erfahrung von Gemeinschaft erlebbar sind. Der gregorianische Gesang, das Gebet, das gemeinsame Singen, das Andächtig-Werden – all das kann eine heilende Wirkung haben.

„Von guten Mächten wunderbar geborgen, erwarte ich getrost, was kommen mag" – wenn ich mir diesen Satz Bonhoeffers vergegenwärtige, in dem sich für mich die spirituelle Erfahrung meiner christlichen Tradition konzentriert, macht mich das ruhig und gibt mir Kraft. Wenn auch die Kirchen oder gar caritative Einrichtungen vor Ort in diesem Sinn das Leben von Menschen inspirierten, dann kann das Wort Heilung eine ganz andere Qualität bekommen und seine ursprüngliche Bedeutung wieder annehmen: „Schalom", ganzheitliches Heilsein, eigentlich „im Frieden sein", das über ein verengtes Verständnis von Wellness und Fitness hinausgeht. Es wäre zudem ein wirksamer und segensreicher Beitrag gegen die Segmentierung unserer Gesellschaft und würde mehr Frieden in uns allen schaffen; wir könnten uns sozusagen gemeinsam zufriedener fühlen.

Eine neue Kultur der Anerkennung

Werte bestimmen unser Denken und Handeln – auch in unserem Tun „vor Ort". Was wäre konkret zu tun, in unserer nächsten Umgebung? Worüber sollten wir zuallererst nachdenken? Gewiss wäre Helfen *ein* solcher Wert. Das Gestalten unserer sozialen Welt ein anderer.

Helfen können wir im Sinne von unterstützender Hilfe zur Selbsthilfe, die zur eigenen Gestaltung verhilft. Das hat zwei Dimensionen: Das erste: Dem anderen Menschen helfen, ihn unterstützen durch meine Hilfe, damit er in die Tat und zum aktiven Handeln kommt – auf eine Weise, bei der ich selbst ebenfalls in der Tat bin.

Das zweite ist das Gestalten von Prozessen des Zusammenlebens und die Bereitschaft, gemeinschaftlich zu denken. Menschen, die im Moment mehr Zeit haben und nicht in den direkten Arbeitsprozess eingebunden sind, sind auch diejenigen, die anfangen könnten, Netzwerke zu entwickeln. Sie können mithelfen, dass Netzwerke überhaupt und in einem größeren Umfang funktionieren. Sie könnten Arbeit übernehmen, die vielleicht noch nicht heute, aber möglicherweise morgen bezahlt wird. Die ehrenamtliche Tätigkeit wie die aufopfernde Pflege von Alzheimerpatienten, die ich zum Beispiel in Dortmund mit Begeisterung erleben durfte, möchte ich als vorbildliches Beispiel nennen.

Es muss also ein ganz großer Bewusstseinswandel einsetzen. Diejenigen, die Arbeit haben und bezahlt werden, dürften die Leute, die keine Arbeit haben, aber in der Gemeinschaft und für die Gemeinschaft tätig sind, nicht als Menschen zweiter Klasse behandeln. Wir sollten vom Materialismus und der Fixierung auf Geldwert wegkommen und hinkommen zu einer Würdigung des Menschen. Ein wertvoller Mensch ist nicht einer, der hunderttausend Euro im Jahr verdient, sondern einer, der sich wirklich für andere Menschen einsetzt, einer, der eine künstlerische oder gestalterische Fähigkeit hat genauso wie der, der sich beim Pflegen des Fußbodens oder bei Pflanzen auskennt und mit seinem Wissen Gebäude reinigt, kocht oder Gärten gestaltet oder anderen hilft, dies zu lernen.

Wir brauchen Orte geistiger Wertschätzung und Wertschöpfung, wo der Mensch an sich im Mittelpunkt steht, mit all seinen Fähigkeiten, sei es Backen, Kochen, Denken, Malen oder Musizieren. Wo er als Person gewürdigt wird, auch in seiner „Verrücktheit" und seiner individuellen Ausprägung. Wertschöpfung entsteht aus dem einzelnen Menschen. Es geht nicht um kapitalistisch verstandenes Geldverdienen. Es geht um so etwas wie Bewunderung für den Einzelnen oder für das, was er geschaffen hat. Dazu gehört auch die „Leistung", eine Familie, einen Freundeskreis, ein Netzwerk von Gleichgesinnten oder Gleichhandelnden geschaffen zu haben. Auch das gilt es mit Freude und mit Begeisterung zu würdigen.

Wir brauchen Mut zur Anerkennung und Mut zur Unterstützung der Wertschätzung. Dieses ist ein wesentliches Lebensprinzip: *Füreinander da sein, miteinander handeln. Und dies weltweit!* Miteinander auch gegen den Starken oder gegen die stärkere Struktur.

Es genügt nicht, nur zu sagen: Ich stehe für mich ein. Denn ich brauche – wie jeder andere auch – immer wieder die Anerkennung und Unterstützung meiner Mitmenschen.

Lebe das Unmögliche

Eine solche Kultur der Anerkennung kann man nicht von oben verordnen. Nur in kleinen, überschaubaren sozialen Einheiten kann sie wachsen, nur hier wird man so etwas wie ein blühendes gemeinschaftliches Leben wirklich sehen. Nur von den kleinen Gemeinschaften, von miteinander vernetzten Zellen kann der heilsame Druck auf das gesamte System ausgehen. Anders wird es nicht passieren. Das ist wie in einem gesunden Körper, in dem auch alle Einzelgemeinschaften wie die Leber, das Herz oder das Gehirn nur funktionieren, wenn sie als System reibungslos zusammenwirken. Erst wenn man das soziale Engagement als einen wesentlichen Wert begreift und der Mensch in seinem Wesen und Sein Wertschätzung findet, erst dann wird es eine Veränderung in unserer Gesellschaft geben. Das Bewusstsein unserer Gesellschaft wird sich nur ändern, wenn es im Kleinen aufgebaut und gepflegt wird. Wir werden eine Veränderung nur dann hinbekommen, wenn wir diese Kleinzelligkeit wirklich kultivieren. Wenn wir das wirklich tun, könnten wir auch zulassen, dass wir letztlich immer in der Probierphase bleiben werden. Wie wir auch beim Kind in der Entwicklung Grenzüberschreitungen zulassen müssen, um sie dann im nächsten Moment zu reflektieren und zu überlegen, was daran positiv ist und wo tatsächlich Grenzen zu ziehen sind, so müssen wir uns auch hier auf einen wechselseitigen und offenen Prozess einlassen.

Es lohnt sich, sich dafür einzusetzen. Mündigkeit und Würde und gemeinschaftliche Interessenvertretungen lassen sich in kleinen Gemeinschaften gut – und sogar besser – verwirklichen. Das wäre zudem ein wirksames Mittel gegen die zunehmend autoritären Tendenzen in der Politik.

„Es ist alles schon zu spät, wir haben keine Zeit mehr, die Aufgabe ist zu gewaltig und unsere Kräfte sind zu gering", sagen die Skeptiker.

„Seien wir realistisch, versuchen wir das Unmögliche!", hat Che Guevara einmal gesagt.

Es ist ein Geschenk, leben zu dürfen, sage ich, aber es ist gleichzeitig auch eine wundervolle Aufgabe. Und wir können sofort damit anfangen.

Eine Geschichte aus dem Orient erzählt Folgendes. Als der Meister hörte, dass ein Wald durch ein Feuer vernichtet worden war, rief er seine Schüler und sagte: „Wir müssen die Zedern wieder anpflanzen." „Die Zedern?", rief ein Schüler skeptisch. „Die brauchen doch 2000 Jahre zum Wachsen." „Stimmt", sagte der Meister. „Gerade deswegen dürfen wir keine Minute verlieren. Fangen wir sofort damit an."

Wohin geht die Reise?

Epilog

Wir Menschen haben über Generationen, ja über Jahrtausende hinweg die Voraussetzungen dafür geschaffen, dass wir alle gemeinsam mit Freude auf diesem Globus leben und unsere menschliche Kultur auf ein höheres Niveau heben können. Jetzt wäre es wünschenswert, wenn wir verstehen würden, dass das *Zeitalter der Synthese* anbrechen kann und wir dieses endlich gemeinsam füllen können. Analysiert hat die Menschheit bereits alles – bis in den subatomaren Bereich, bis in die Tiefen der Gene, des Menschen und der Natur. Diese Vertiefung wird weitergehen müssen. Aber durch unsere Fixierung aufs Detail haben wir zunehmend den Überblick verloren oder verstehen Zusammenhänge immer weniger: in den Gesellschaften genauso wie in den Wissenschaften, in der Bildung, in der Kultur, in der Technik, in firmen- oder länderübergreifenden Arbeitsprozessen oder auch allgemein in der globalen Welt und in politischen Systemen. Eine Folge dieser Haltung ist: Wir Menschen haben gerade im letzten Jahrhundert enormen Raubbau an der Natur geübt, wir haben gefährliche Kriege provoziert und unermesslichen Schaden angerichtet. Die Entwicklung geht mit atemberaubendem Tempo weiter. Halten wir doch einmal kurz an, nehmen wir Geschwindigkeit aus den isolierten Prozessen heraus. Das Zeitalter einer integralen Sicht und einer Synthese würde dann durch eine bewusste Periode der Langsamkeit auch zu einem *Zeitalter der globalen Wertschöpfung*.

Unseren Kindern und Kindeskindern sind wir Orientierung schuldig, als Eltern und Erzieher, als Großeltern, Tanten und Onkel, Freunde und Nachbarn. Wenn Orientierung wirksam sein soll, dann geht sie ganz besonders über konkrete Menschen und gelebte Haltungen. Werte sind nicht abstrakt, sie lassen sich nicht in einen Lehrplan pressen. Werte müssen gelebt werden. Das ist nur möglich, wenn man sich ihrer bewusst ist und die Kinder mit einbezieht. Wir mühen uns ab in Konzepten und Erlassen, die festlegen, wie Kinder sein sollten, anstatt zu fragen, wie sie sein wollen.

Denn die Kinder selbst haben in der Regel eine natürliche Kompetenz, ein intuitives Wissen von „richtig" und „falsch", und wir Erwachsene könnten so viel von ihnen übernehmen.

Wir stehen am Anfang eines neuen Geschichtsabschnittes, der pluralistischen Gesellschaft. In meiner Heimatregion leben 230 verschiedene Weltanschauungsgruppen und Religionsgemeinschaften, wie gerade eine neue Studie ergeben hat, davon 42 Prozent Katholiken, 28 Prozent Protestanten und 3 Prozent Moslems. Wir alle sind auf der Suche nach Orientierung und sollten deshalb gerade deshalb offen sein für andere Wertevorstellungen, aber auf dem festen Boden unserer eigenen Herkunft. Wenn wir diesen Pluralismus unserer Gesellschaft ernst nehmen und alle Akteure der Wertevermittlung mit einbeziehen, werden wir eine lebendige und humane Zukunftsgesellschaft schaffen können.

Mittlerweile besteht in den Großstädten Deutschlands bald die Hälfte aller Jugendlichen aus Menschen anderer Kulturen. Das ist sicher eine Herausforderung. Aber anstatt darüber zu lamentieren, sollten wir uns über die Vielfalt freuen. Auch Amerika ist so entstanden. Wir könnten so viel lernen, zum Beispiel was Familienzusammenhalt, Gastfreundschaft oder Ehrgefühl für diese Kulturen bedeutet. Aber wir müssen auch dafür sorgen, dass Migranten unsere Sprache lernen, und wir müssen uns darum kümmern, dass das Bildungsniveau angeglichen wird. (Und wer selber türkisch lernt, dem wird der Döner noch besser schmecken!) Eine Politik der Ausgrenzung ist falsch. Und genauso wie wir Kultur und Religionen anderer Menschen verstehen und respektieren sollten, muss dies auch umgekehrt eingefordert werden. Sonst wird Gewalt in unseren Großstädten unbeherrschbar explodieren wie zur Zeit in Sao Paolo in Brasilien.

Das „Sowohl-als-auch" macht die Spannung des Lebens aus. Und nur diese lebendige Spannung kann Grundlage für Respekt und Toleranz sowie für geistige und kulturelle Weiterentwicklung sein. Gerade unsere deutsche Verfassung hat für eine Zukunftsgesellschaft ein Fundament geschaffen, auf dem alle Menschen unterschiedlichen Glaubens und unterschiedlicher Weltanschauungen in Gleichheit, Freiheit und Menschenwürde leben könnten. Damit bräuchte die Zukunftsgesellschaft der globalen Geschwisterlichkeit keine Utopie zu bleiben.

Ich bin Weltbürger, Europa ist mein Zuhause, das Ruhrgebiet mein Wohnzimmer. Wenn Sie mich fragen, wie ich zukünftig leben will, dann antworte ich: Das nächste halbe Jahrhundert möchte ich mit fröhlichen Menschen um mich herum leben und arbeiten. Jung und Alt, Christen und Nichtchristen, Deutsche und Nichtdeutsche, Mann und Frau – auf die menschliche Kompetenz und die Haltung zum Leben kommt es an. Ich stelle mir vor, in einer Wohn- bzw. Lebensgemeinschaft zu leben, in der Arbeit und Freizeit ineinander übergehen und soziales Gestalten die Grundlage aller Kreativität bildet. Ich stelle mir vor, mit meiner Familie zu leben, mit meiner Mutter und meinem Bruder und/oder seinen Kindern in der Nähe oder Schwagern und Schwägerinnen, mit Freunden und Arbeitskollegen, wenn sie alle auch Lust dazu haben, genauso wie mit Künstlern. Mein Traum ist eine kleine kreative Wohngesellschaft, die sich locker als ökologisch orientierte Künstlerkolonie – alle Menschen sind Lebenskünstler – zusammenfindet, wo auch Sport- und Kulturstätten in der Nähe sind, wo die medizinische Versorgung stimmt (dafür werde ich sorgen) und die Nahrung weitgehend selbst angebaut wird. Eine Gemeinschaft, die weitgehend autonom lebt mit Hilfe von Sonnen- und anderen Energieformen. Und mit netten Nachbarn bzw. Nachbar-Gemeinschaften.

Ich werde weiterhin sehr viel in der Welt unterwegs sein, von anderen Kulturen lernen und mit den Menschen, die ich über die

Jahrzehnte liebgewonnen habe, noch ganz viel im Hier und Jetzt gestalten und genießen.

Neue Formen der Demokratie leben, das würde ich gerne wagen mit der Kraft einer lokalen res publica communis, einer Netzwerk-Community. Investieren in Ideen sowie soziale, kulturelle, medizinische und technische Zukunftsprojekte unterstützen, vor allem Projekte von jungen Menschen. Mehr Zusammenleben ausprobieren zwischen Jung und Alt. Fröhlich leben, mit Leidenschaft und Begeisterung. Alles auch ein wenig augenzwinkernd.

Lassen wir uns von der geschwisterlichen Hochstimmung während der Fußballweltmeisterschaft inspirieren und tragen. Jeder Mensch ist ein Juwel, und dieses Leben ist eines der schönsten.

„Genieße das Leben, es ist später, als du denkst."
Lebe mit Herz und Seele.
Gemeinsam, jetzt gleich.

Mein kleines Manifest
zur Lebenskunst

Rückhalt fürs Leben

Sieh dein und unser aller Leben auf dieser Erde als ein Wunder und als Geschenk. Aus Materie sind beseelte, fühlende und denkende Lebewesen entstanden. Jeder Mensch ist Teil dieses großen Kunstwerks „Leben" in seiner Einzigartigkeit, in seinen sozialen Bezügen, seinen seelischen Prägungen und seinem Denken, seiner kulturellen Herkunft und seinen emotionalen Bedürfnissen.

Besinne dich auch in der Hektik deines Alltags immer wieder darauf, was das eigene Dasein möglich macht: Trilliarden mal Trilliarden mal Trilliarden Zellen, mit unterschiedlichem Aussehen, unterschiedlicher Komplexität und ganz unterschiedlichen Funktionen. Sie konkurrieren nicht, sondern schaffen in einem grandiosen Miteinander tagtäglich gemeinsam dieses Wunderwerk, das Leben ist.

Staune über die unendliche Komplexität des Körpers, spüre sie und achte die einzigartige Gestalt und individuelle Ausstrahlung jedes einzelnen von uns. Es bedeutet Glück, diese Lebendigkeit zu erfassen, zu fühlen und darüber nachdenken zu können.

Sei ganz du selbst – und erkenne dich gleichzeitig als Teil eines großen Ganzen. Alle Menschen sind gleich. Und jeder ist einzigartig. Wir können unsere besondere Einzigartigkeit in die geschwisterliche Familie der Menschen einbringen. Leben zu dürfen, das heißt nicht nur, als Mensch hier auf Erden zu sein. Es bedeutet auch: leben zu dürfen innerhalb der gesamten kosmischen Existenz – zumindest eine kurze Zeit.

▷ Genieße die globale Geschwisterlichkeit und setze dich für sie ein. Die Einheit leben und die Vielfalt erhalten, darum geht es. Es ist die Vielfalt der Natur, der Kulturen und Gemeinschaft, die auch unser eigenes Dasein auszeichnet. Wir alle können mithelfen, diese lebendige Vielfalt des Lebens zu erhalten. Gerade dies macht das Leben lebenswert. Nicht nur das Heute, sondern auch die Zukunft benötigt unsere gemeinschaftliche und liebevolle Fürsorge.

▷ Komm zu dir selber, aber überschreite auch immer wieder die Grenzen deines Ego in der Liebe. Liebe und liebevolles Handeln sind eine wichtige Quelle des Glücks. Es gibt Menschen und Menschengruppen, die unsere Hilfe, Fürsorge oder Seelsorge brauchen. Sie wahrzunehmen, ihnen vorbehaltlos zu begegnen, zeichnet Gemeinschaft aus und hält sie lebendig.

▷ Lass dich nicht leben, lebe selber – im Einklang mit der Natur. In Ruhe und innerer Balance mit der eigenen körper-geist-seelischen Urkraft. Denn wir sind Menschen und keine Maschinen. Zum erfüllten Menschsein gehört auch, mündig und innerlich stark zu werden. Wir können unser Leben selbst in die Hand nehmen. Du bist deine eigene Marke.

▷ Wir sind mit anderen Menschen und Lebewesen verbunden. Das Wissen der Menschheit um die tiefe Verbundenheit aller darf nicht verloren gehen, sondern muss lebendig bleiben und kultiviert werden.

Unsere Lebenszeit auf diesem Planeten Erde ist begrenzt, und sie ist kostbar. Daher sollten wir sie genießen und die gegebene Zeit jeden Tag aufs neue nutzen. Jede Lebensphase, der Zauber der Kindheit ebenso wie die Erfahrung des Alters, haben ihren Wert, und wir können uns an ihr freuen. Wir brauchen das Leiden nicht zu verdrängen. Es gehört zum Leben, wie auch der Tod ein Teil des Lebens ist.

Engagiere dich für deinen Glauben und deine Überzeugung, aber respektiere gleichzeitig die Andersdenkenden oder Nichtgläubigen in ihrem Anderssein und in ihrer Würde. Wir können immer wieder eine gemeinsame Sprache für das Miteinander finden, ohne uns zu verlieren. Achtung, Respekt und Toleranz und auch Offenheit dem anderen gegenüber helfen, unseren Handlungen eine menschenzugewandte und würdige Richtung zu geben. Ein Lächeln ist der kürzeste Weg zwischen zwei Menschen.

Lebe mit Leidenschaft und schöpfe Kraft aus innerer Ruhe. Aus dieser inneren Kraft heraus können wir gelassen Verantwortung für das eigene Leben und die eigene Gesundheit übernehmen. Denn kein System kann uns gesund machen, und keiner kann uns gegen alles versichern. Für die Gestaltung des ganzen Lebens gilt: Selbst kreativ und aktiv werden. Sich nicht behandeln lassen, sondern handeln: Sei dein eigener Arzt. Der Wesenskern eines jeden Menschen ist unantastbar!

Du bist nicht nur für dich allein verantwortlich. Wir alle sind verantwortlich für die globale Familie, die auf dieser Erde lebt. Diese Erde ist Lebensgrundlage für alle, daher bedarf sie unserer Pflege. Wir leben auf ihr in Vielfalt, in vielen Kulturen. Wir können uns als Weltbürger verstehen und gleichzeitig mit Menschen aus unserer Umgebung eine lebensfrohe Heimat gestalten.

Lebe friedvoll und liebevoll mit den anderen Menschen, überall und ohne Unterschied. Jede und jeder von uns soll sich so entwickeln können, wie es den eigenen Fähigkeiten, dem eigenen Gefühl und den eigenen Bedürfnissen entspricht. Dies bedeutet, das Leben intensiv zu leben – in dieser einen Sekunde des irdischen Lebens –, ohne zu wissen, wie lange es noch dauern wird. Dies heißt auch, Stellung zu beziehen und mutig voran mit allen Menschen diese eine Welt gemeinsam weiterzuentwickeln. Vor allem gerade auch mit unseren Kindern! Denn ihnen gehört die Welt von morgen ...

Du bist wesentlicher Teil des Ganzen. Wir können dieses wundervolle Ganze pflegen und gestalten sowie auch andere dazu motivieren. Das heißt auch, sich zu emanzipieren, sich nicht ablenken zu lassen von sich selbst und Entscheidungen nicht von der Meinung scheinbarer Autoritäten abhängig zu machen.

Wir können für unser eigenes Leben lernen, Wesentliches vom Unwesentlichen zu trennen. Wir können die gebotenen Möglichkeiten genießen und gleichzeitig prüfen, was uns von unserer eigentlichen Aufgabe nur ablenkt. Jeder Mensch braucht Zeit, um sich zu sammeln, in sich hineinzuhorchen, was für ihn selbst und für andere Menschen wichtig ist. „Allein machen sie dich ein" – dem sollten wir uns nicht aussetzen. Zusammen zu leben kann ein Kunstwerk sein, das eigene Leben könnte ein Kunstwerk werden.

Es braucht Kopf und Herz, Wissen und Vernunft, Leidenschaft und Mut, um das Leben verantwortlich zu leben. Darin liegt die Kunst zu leben. Hierin liegt auch ein Sinn des eigenen Lebens und der ganz besondere Beitrag eines jeden Menschen zur Gemeinschaft aller in dieser wunderbaren Einen Welt.

Mach das Leben also zu deiner Herzenssache. Wir können voller Dankbarkeit dafür sein, dass wir leben dürfen in tiefem Respekt vor dem Gesamtkunstwerk: Leben!

Dankeschön

Unendlichen Dank allen, die mir bei einem selbstbewussten Leben und bei der unendlichen Suche nach dem Sinn des Lebens fröhlich zur Seite stehen.

Danke meiner Frau, meinen Kindern und meiner Familie, meinen Freunden und Mitarbeitern. Sorry, ich habe mich trotz Versprechens, mehr mit Euch zu leben, wieder häufig an den Schreibtisch verzogen. Das Buch begann Weihnachten 2004 zu gedeihen. Damals, während der Tsunami-Katastrophe, bei der Freunde hautnah die Flutwelle miterlebten und Patienten nicht zurückkamen, begann das Schreiben. Ein Schreiben gegen die Verzweiflung, ein Schreiben der Dankbarkeit, die globale Geschwisterlichkeit in der weltweiten uneigennützigen Solidarität für einen Moment spüren zu dürfen. Ich danke Dr. Rudolf Walter, dass er mich damals dazu motivierte, dieses Werk in Ruhe entstehen zu lassen. Alles hat seine Zeit, habe ich gelernt. Deshalb das Buch erst jetzt. Ich gebe zu, ich war ungeduldiger.

Herzlichen Dank Ihnen, Herrn Dr. Rudolf Walter und Frau Dr. Karin Walter vom Verlag Herder, für die wunderbaren Gespräche und die Begleitung bei der Entstehung. Ganz lieben Dank auch an Frau Gisela Hessler-Edelstein für das wie immer intensive Inhouse-Lektorat. Für Unterstützung bei Recherche und Literatursichtung ein Dankeschön auch an Herrn Holger Weischenberg.

Und zuletzt noch einmal: Danke, Christa, für Deine Geduld und Dein Verständnis. Du bist wunderbar.

Dietrich Grönemeyer

Anhang

Mit Herz und Seele
die Millenniumkampagne der Vereinten Nationen
von Kofi Annan umsetzen!

Jeder Mensch ist ein einmaliges, einzigartiges Individuum. Und wir Menschen stammen alle von einem Schöpfer ab, dies ist meine Grundüberzeugung. In diesem Sinne sind wir eine große Familie, nationen- und kulturenübergreifend. Dass alle Menschen gute Lebenschancen bekommen, dafür ist noch viel zu tun. Aber als einen Schritt in diese Richtung betrachte ich die UN-Millenniumkampagne, die im September 2000 von 189 Mitgliedstaaten der Vereinten Nationen verabschiedet wurde. Das Besondere daran: Sie fasst nicht nur die Herausforderungen für die Weltgemeinschaft zu Beginn des neuen Jahrtausends zusammen, sondern beschreibt auch die Handlungsfelder und formuliert ganz konkrete Ziele, die bis 2015 in verschiedenen Schritten umgesetzt werden sollen. Es geht darum, die Armut radikal zu bekämpfen und die Entwicklung voranzubringen, die menschliche Würde und Gleichberechtigung zu fördern und Frieden, Demokratie und den Schutz unserer Umwelt zu verwirklichen. Diese Ziele unterstütze ich persönlich nachdrücklich, und die Überlegungen hierzu sind auch Motivation für dieses Buch gewesen.

Die acht Ziele der UN-Millenniumkampagne:

1. Beseitigung der extremen Armut und des Hungers: Die Zahl der Menschen, die von weniger als einem US-Dollar pro Tag leben, soll um die Hälfte gesenkt werden. Der Anteil der Menschen, die unter Hunger leiden, soll um die Hälfte gesenkt werden.

2. Verwirklichung der allgemeinen Primärschulbildung: Alle Jungen und Mädchen sollen eine vollständige Grundschulausbildung erhalten.

3. Förderung der Gleichheit der Geschlechter und Ermächtigung der Frauen: In der Grund- und Mittelschulausbildung soll bis zum Jahr 2005 und auf allen Ausbildungsstufen bis zum Jahr 2015 jede unterschiedliche Behandlung der Geschlechter beseitigt werden.

4. Senkung der Kindersterblichkeit: Die Sterblichkeit von Kindern unter fünf Jahren soll um zwei Drittel gesenkt werden.

5. Verbesserung der Gesundheit von Müttern: Die Müttersterblichkeit soll um drei Viertel gesenkt werden.

6. Bekämpfung von HIV/Aids, Malaria und anderen Krankheiten: Die Ausbreitung von HIV/Aids soll zum Stillstand gebracht und zum Rückzug gezwungen werden. Der Ausbruch von Malaria und anderer schwerer Krankheiten soll unterbunden und ihr Auftreten zum Rückzug gezwungen werden.

7. Sicherung der ökologischen Nachhaltigkeit: Die Grundsätze der nachhaltigen Entwicklung sollen in der nationalen Politik übernommen werden; dem Verlust von Umweltressourcen soll Einhalt geboten werden. Die Zahl der Menschen, die über keinen nachhaltigen Zugang zu gesundem Trinkwasser ver-

fügen, soll um die Hälfte gesenkt werden. Bis zum Jahr 2020 sollen wesentliche Verbesserungen in den Lebensbedingungen von zumindest 100 Millionen Slumbewohnern erzielt werden.

8. Sicherung der ökonomischen Nachhaltigkeit: Ein offenes Handels- und Finanzsystem, das auf festen Regeln beruht, vorhersehbar ist und nicht diskriminierend wirkt, soll weiter ausgebaut werden. Auf die besonderen Bedürfnisse der am wenigsten entwickelten Länder muss entsprechend eingegangen werden. Die Schuldenprobleme der Entwicklungsländer mit niedrigen und mittleren Einkommen müssen durch Maßnahmen auf nationaler und internationaler Ebene umfassend und wirksam angegangen werden, damit ihre Schulden auf lange Sicht tragbar werden.

Prof. Dr. Dietrich Grönemeyer

Weitere Informationen zu meiner Tätigkeit als Arzt sowie zu den Zielen der Millenniumkampagne finden sich unter:

www.groenemeyer.com
www.millenniumcampaign.de